Gabriele Hasmann

GEISTERJÄGER

Auf den Spuren
des Übersinnlichen

UEBERREUTER

Das säurefreie und alterungsbeständige Papier EOS liefert Salzer, St. Pölten (hergestellt aus chlorfrei gebleichtem Zellstoff aus nachhaltiger Forstwirtschaft).

ISBN 978-3-8000-7426-6
Alle Urheberrechte, insbesondere das Recht der Vervielfältigung, Verbreitung und öffentlichen Wiedergabe in jeder Form, einschließlich einer Verwertung in elektronischen Medien, der reprografischen Vervielfältigung, einer digitalen Verbreitung und der Aufnahme in Datenbanken, ausdrücklich vorbehalten.
Covergestaltung: Kurt Hamtil, Verlagsbüro Wien
Coverfoto: Ursula Hepp
Copyright © 2009 by Verlag Carl Ueberreuter, Wien
Gedruckt in Österreich
7 6 5 4 3 2 1

Ueberreuter im Internet: www.ueberreuter.at

INHALT

Vorwort.. 7
Einführung.. 13
   Der Spuk.. 14
   Spukgeschichten, die keine sind..................... 20
   Die Geisterjagd (Ghost Hunting)..................... 25
Das Team der API (Austria Paranormal Investigators).... 31
   Wie alles begann.................................... 36
   Wie es weiterging................................... 42
Die Untersuchungen..................................... 45
   Schloss Porcia (Kärnten)............................ 46
   Burg Rappottenstein (Niederösterreich).............. 59
   Das Haus das Luftwaffenoffiziers
   (Rheinland-Pfalz, Deutschland)...................... 69
   Schloss Riegersburg (Niederösterreich).............. 77
   Leap Castle (County Offaly, Irland)................. 91
   Burg Lockenhaus (Burgenland)........................ 101
   Heilstätten Beelitz (Brandenburg, Deutschland)...... 121
   Burgruine Gars, Freilichtbühne (Niederösterreich)... 137
   Kloster Lucedio (Piemont, Italien).................. 145
   Schloss Walchen (Oberösterreich).................... 157
   The Ancient Ram Inn (Gloucestershire, Großbritannien). 167
   Willi-Forst-Villa im Dehnepark (Wien)............... 177

Irrtümer, Streiche und Peinlichkeiten.................. 183
Interessante Links..................................... 197
Buchempfehlungen....................................... 201
Quellen.. 206
Bildnachweis... 208

VORWORT

»Es gibt mehr Dinge zwischen Himmel und Erde, als eure Schulweisheit sich träumt.«

Das ließ William Shakespeare in seinem gleichnamigen Drama den Hamlet sprechen, als diesem sein Vater als Geist erscheint. Und auch heute stellt sich für viele die Frage, ob es Geister denn wirklich gibt.

Geister sind nicht nur eine Materie der Literatur. Bereits 1882 wurde die britische Gesellschaft zur Erforschung okkulter Phänomene gegründet und damit der Grundstein zur wissenschaftlichen Erforschung von Spukerscheinungen gelegt. Unheimliche Geräusche, wie das nächtliche Klopfen oder mysteriöse Geräusche von Schritten, wo eigentlich niemand ging, sind damit auch Gegenstand und Forschungsobjekt der Wissenschaft geworden.

Heutzutage nimmt sich die Disziplin der Parapsychologie dieser Phänomene an. Die Frage nach dem Zweck dieser Forschung beantwortet einer ihrer Vertreter, der Parapsychologe Prof. Perty aus Bern, folgendermaßen: »Die Erscheinungen tragen dazu bei, den Horizont menschlichen Denkens zu erweitern, da sie seinen Gedanken über ein neues Geschehen eine neue Richtung geben.«

Der Gegenstand der Parapsychologie weist über das Forschungsinteresse der meisten anderen Wissenschaften klar hinaus. Die Grenze zwischen Leben und Tod gilt hier nicht. Die ewige Dualität von Diesseits und Jenseits zu überwinden, ist das Ziel dieser Männer und Frauen. Damit eröffnet die Parapsychologie eine Möglichkeit, das Universum als Einheit zu fassen und Leben und Tod als Teil eines gemeinsamen Ganzen zu verstehen. Dieser Ansatz, der Sterben bloß als Übergang in ein jenseitiges Leben sieht, sollte besonders in unserer modernen Zeit nicht gänzlich vergessen werden.

Im 21. Jahrhundert gibt es nun ganz neue Möglichkeiten, den

Geistern auf die Pelle zu rücken: Mit Infrarotmessern, Videokameras, Geigerzählern und noch etlichen anderen Geräten spürt so etwa das Team der Austrian Paranormal Investigators Geister auf. Doch abseits der technischen Möglichkeiten wird die persönliche Erfahrung, das Erlebnis mit der übernatürlichen Wesenheit, immer die Grundlage für alle Forschung und alle Neugier sein. Auch ich hatte einmal solch eine außergewöhnliche Erfahrung.

Jahre sind vergangen, die Erinnerung lässt mich jedoch noch heute schaudern, wenn ich an dieses Erlebnis aus meiner Jugendzeit zurückdenke. Es war 1945, ich war gerade fünfzehn Jahre alt, als ich mit einer jungen Frau, Liesl, von Kirchau bis nach Kleinhöflein im Burgenland ging. Sie war aufgefordert worden, den Hof ihrer Schwester zu übernehmen, damit er nicht von der russischen Kommandantur an jemand anderen weitergegeben wurde. Ich half ihr bei der Arbeit im Bauernhaus und mit den beiden Ochsen und dem Weingarten. Am Abend, etwa gegen 22 Uhr, gab es dann plötzlich Feueralarm. Die Sirene riss uns aus dem Schlaf. Auf dem Vorplatz der Häuser wurde geschrien: »Es ist Feuer in Eisenstadt, alle Männer müssen helfen kommen.« Auch ich fühlte mich als Mann, zog meine übergroßen Militärstiefel an und rannte nach Eisenstadt. Die Häuser in der Straße neben der Bergkirche brannten lichterloh, den Feuerschein sah ich schon aus der Ferne. Ich wusste also, wohin ich zu rennen hatte. Eine Feuerwehr wie heute gab es noch nicht. Die herbeigeeilten Männer besorgten den Löschzug und auch die Frauen halfen eifrig mit. Auch ich gab aus Kräften das Beste und schleppte von einem entfernten Brunnen Wassereimer herbei.

Um ein Uhr nachts wurde ich aufgrund meines Alters nach Hause geschickt. So marschierte ich mit meinen übergroßen Stiefeln geräuschvoll auf der Straße nach Kleinhöflein. Nach etwa zwei Kilometern stand an der rechten Straßenseite eine große Kreuzwegstation, auf der linken Seite eine kleine Weingartenanlage und dahinter die Friedhofsmauer. Die Nacht war dunkel, etwa hundert Meter voraus auf der Straße, bei den ersten Häusern, war eine Straßenlampe. Ich muss erwähnen, dass niemand auf der Straße war, weder vor noch hinter mir. Ich blickte zum Kreuz hinauf. In diesem Augenblick hörte ich das Scheppern von leeren Konservendosen vom Weingarten zur Friedhofsmauer. Ich blickte erschrocken nach links. Ich sah nichts, auch war nichts mehr zu hören, aber als ich im Gehen wieder geradeaus blickte, stand etwa einen Meter vor mir eine schwarze Gestalt in einem Mantel oder einer Pelerine und mit einem großen Hut auf den Kopf. Diese Figur stand mit dem Rücken zu mir und mit zaghaften Schritten ging ich um sie herum bis ich vor ihr stand. Das Gesicht konnte ich in der Dunkelheit nicht ausmachen. Vor Schreck und Angst wendete ich mich ab und lief mit lautem Schreien weg. Als ich etwa zwanzig Meter entfernt war, sah ich mich um, aber die Straße war leer, nichts war zu sehen. Ich beruhigte mich erst, als ich vor unserem Haustor stand. Unser Nachbar stand auch noch an seinem Haustor.

Am nächsten Tag fragte er mich, warum ich so aufgeregt gewesen sei. Ich sagte ihm, dass am Wegkreuz eine schwarze Gestalt, ein Geist, gestanden wäre. Er lachte und sagte, dass kann schon möglich sein, denn vor kurzem hat ein Weinbauer sich am Friedhofstor erhängt.

Solch eine unmittelbare Figur ist den Geisterjägern zwar nicht untergekommen, jedoch etliche in leichtem, hellem Nebel erscheinende Gestalten. Auch sich bewegende Erscheinungen und Geräusche, aufgenommene Gespräche und Wörter, welche im Raum akustisch laut vernehmbar waren. Das Licht hat in diesen Fällen eine bedeutende Wirkung, da im Dunkeln Erscheinungen als Licht zu sehen sind.

Doch ich hatte auch noch ein anderes unheimliches Erlebnis. In einem kleinen Schloss in Klagenfurt, in der Nähe des Flughafens, wohnte ich einige Tage mit meiner Frau. Das Schloss ist in Privatbesitz und wird als nettes kleines Hotel geführt. Mit den Hausleuten verstanden wir uns gut und am ersten Tag zeigten sie uns eine kleine Gewölbestube mit einem großen runden Tisch in der Mitte. Wir saßen schon eine Weile, als der Hausherr uns aufforderte, doch mit ihm ins Wohnzimmer zu kommen, da es hier nicht ganz geheuer wäre. Wir waren natürlich verwundert, folgten ihm aber. Im Wohnzimmer meinte er, dass es zumindest in diesem Raum nicht spuke. Das Zimmer, das wir bezogen, war sehr angenehm, ruhig und so waren wir auch bald in tiefen Schlaf gesunken. Es war etwa drei Uhr, als wir durch ein starkes Klopfen an der Tür geweckt wurden. Ich fuhr aus den Federn und rannte zur Tür. Ich öffnete, aber es war niemand zu sehen. Im hell erleuchteten Flur und Gang war einfach niemand. Beim Frühstück sagte der Hausherr dann bloß, dass das bei ihnen öfters vorkomme.

An noch ein Vorkommnis kann ich mich sehr gut erinnern: Während meiner Studienzeit hatte ich in Salzburg das Glück, im Kapuzinerkloster in einer kleinen alten Zelle, die gerade drei mal vier Meter maß, wohnen zu können.

Während der ersten Nacht, es muss so gegen ein oder zwei Uhr gewesen sein, wurde ich durch das Knarren des Fußbodens und des alten Schranks wach und hatte das bestimmte Gefühl, es sei jemand mit mir in der Zelle, der mich aus nächster Nähe ansah. Als ich erschrocken hochfuhr und herumsah, war nichts mehr zu hören. Dasselbe wiederholte sich auch in der zweiten Nacht. Am dritten Tag ging ich in die kleine Werkstatt und bastelte mir eine Nachttischlampe. Ein Bruder kam in die Werkstatt und fragte mich, was ich da mache. Ich erzählte ihm, was passiert war. Er lachte nur und sagte: »Die sind gekommen, um zu sehen, wer da ist.«

Er erzählte mir, dass die ersten Mönche, die das Kloster übernommen hatten, in die Chronik geschrieben hatten: »Wer uns aus dem Kloster vertreiben will, den werden wir vertreiben.«

Knappe zehn Jahre später erzählte ich dieses Erlebnis zufällig in der Garderobe im Salzburger Landestheater. Mein Garderobier lachte und sagte, dass er das kenne. Seine Tante, welche während des Krieges in Salzburg durch Bomben ihr Haus verlor, bekam mit etlichen anderen Personen ein Notquartier im Salzburger Kapuzinerkloster.

Man muss erwähnen, dass die Kapuziner in den Jahren 1942

oder 1943 das Kloster innerhalb eines Tages räumen mussten. Durch die damalige Naziregierung wurden die kleinen Zellen umgebaut zu größeren Räumen, um das Kloster als Jugendherberge nutzbar zu machen.

Die Leute und die Tante des Garderobiers seien nach einiger Zeit wieder ausgezogen, da es nachts von zwölf bis ein Uhr immer gegeistert hätte. Sie hörten auf dem Gang das Schlurfen der Mönche, Gemurmel und das Rasseln des Rosenkranzes. Wenn sie nachschauten, sahen sie in einer bestimmten Ecke bei der Bibliothek Schatten stehen. Nach dem Krieg bezogen die Mönche wieder das Kloster und Jahre später wurde das Haus renoviert, jedoch die alte Zelle, in der ich den Geist fühlte, war erhalten geblieben.

Mir ist die Welt der Geister nicht fremd und die heitere Form der geschilderten Eindrücke, wie sie Gabi Hasmann in diesem Buch aufzeichnet, lädt ein zu einer amüsanten Annäherung an dieses faszinierende Thema.

Karl Merkatz

*»Der Geist wird wohl die Materie los,
aber nie die Materie den Geist«*
(Friedrich Hebbel, dt. Dramatiker
und Lyriker, 1813–1863)

Einführung

Bevor Sie sich jetzt in die Materie vertiefen, bedenken Sie bitte eines: Es bringt nichts, sich dieses Buch nur tagsüber zu Gemüte zu führen, weil Sie hoffen, dass die Jenseitigen nur in der Nacht aktiv sind und bei strahlendem Sonnenschein keiner plötzlich neben Ihnen auf dem Sofa sitzen kann. Doch Geister kommen nicht um Mitternacht – sie nehmen Kontakt auf, wann immer ihnen danach ist.

Sollten Sie also irgendwann beim Lesen einen kalten Hauch fühlen oder ein zartes Streicheln auf Ihrer Wange spüren, wundern Sie sich nicht. Wahrscheinlich freut sich dann gerade ein vielleicht in Ihrer Wohnung ansässiges Gespenst darüber, dass Sie Interesse an seiner Welt signalisieren.

Also entweder Sie klappen jetzt sofort das Buch zu, weil Sie zwar offen für das Thema sind, aber doch zu viel Angst vor einer Konfrontation mit den Beweisen für paranormale Phänomene haben (vor allem davor, dass Sie vielleicht auch »etwas« sehen, hören oder spüren, wenn Sie darüber lesen), oder aber Sie stehen zu Ihrer Wissbegierde und genießen die Geschichten und die Jagd nach den uns umgebenden Geistern.

Vergessen Sie allerdings nicht: Ihre Sinne sollten stets geschärft, der Verstand klar und die Psyche stabil sein, wenn Sie sich auf das Abenteuer Jenseitserforschung einlassen.

Und: Bleiben Sie stets kritisch!

Folgender Überblick soll Ihnen helfen, sich kurz in die Materie einzulesen und in die Geisterwelt einzutauchen. Kurz, wie gesagt, denn dann geht es auch schon los: Sie begeben sich mit mir auf die Spur des Übersinnlichen.

DER SPUK

Das Wort »Spuk« bedeutet für die einen das In-Erscheinung-Treten von »Geistern« (meist ist damit die auf der Erde gebundene Seele eines Verstorbenen gemeint, seltener ein dämonisches Wesen), für die anderen ein sich wiederholendes Auftreten von Psychokinese (physikalisch ungeklärter direkter seelischer Einfluss eines Menschen auf materielle Dinge oder Vorgänge).

Spuk kann sich auf verschiedenste Arten präsentieren: Gegenstände werden verschoben, Bilder fallen von den Wänden, ein Gerät schaltet sich wie von Zauberhand ein oder aus, es ertönen Geräusche wie Klopfen oder Scharren, manchmal werden sogar Seufzer oder gar Stimmen vernommen, vorbeihuschende Schatten sind zu sehen, kalte Luft oder gar Berührungen zu spüren und so weiter. In einigen wenigen Fällen wird sogar von spontan auftretenden Bränden oder Überschwemmungen mit ungeklärter Ursache berichtet.

Meist gehen »Spukgläubige« allerdings auch schon davon aus, dass es dort Geister geben muss, wo sich tragische Vorkommnisse wie Naturkatastrophen, Unfälle, körperliche und psychische Folter oder Morde ereignet haben, da an diesen Orten die Seelen jener, denen Unheil widerfahren ist, mit Sicherheit nicht zur Ruhe kommen können.

Die klassischen paranormalen Phänomene gliedern sich in zwei Gruppen, den ortsgebundenen oder lokalen und den personenbezogenen oder personalen Spuk.

Der ortsgebundene Spuk

Die Erscheinungen oder Aktivitäten werden stets am selben Ort wahrgenommen, entweder innerhalb von Gebäuden oder im Freien. Häufig sind es Orte wie Burgen, Ruinen und Schlösser, Mordhäuser, Richtplätze (wo ein verurteilter Verbrecher gerichtet bzw. hingerichtet wurde), Friedhöfe oder Kriegsschauplätze. Die Phänomene treten entweder regelmäßig in Intervallen oder in unregelmäßigen Abständen auf und können sich jahrhundertelang halten. Zum lokalen Spuk zählt auch der Wegspuk, bei dem Geister Menschen ein Stück begleiten.

Zeigt sich eine ortsgebundene Wesenheit immer wieder, nimmt man an, dass sie auf Erlösung und irdische Hilfe hofft, taucht sie nur manchmal auf, könnte es sein, dass sie versucht, uns eine Botschaft zu übermitteln, dass sie vor etwas warnt oder in schweren Zeiten einfach nur an unserer Seite sein möchte.

Einige »Geisterkenner« vertreten auch die Theorie, dass die Jenseitigen gar nicht wissen, dass sie bereits tot sind, und sich wundern, warum sie vom Großteil der Menschen ignoriert werden.

Es besteht die Möglichkeit, Orte von Geistern zu »säubern« und damit vom Spuk zu befreien. Allerdings sollte man sich hier immer einem Fachmann, zum Beispiel einem Parapsychologen, anvertrauen, der zuerst einmal natürliche Ursachen für den Spuk ausschließt und danach professionell Kontakt aufnimmt, um die Wesenheit nicht nur zu vertreiben (was von nur kurzfristiger Dauer sein kann), sondern ihr zu helfen, den Platz erlöst zu verlassen.

Der personenbezogene Spuk

Diese Art des Spuks tritt meist ausschließlich in der Nähe eines bestimmten Menschen, der Fokusperson, auf, häufig bei Kindern und Jugendlichen, die sich noch in der Entwicklung befinden (ob dies mit den Hormonschwankungen, pubertären Konfliktzuständen oder mit der noch vorhandenen Unbefangenheit Heranwachsender zu tun hat, ist ungeklärt). Er kann von einigen Tagen bis hin zu mehreren Jahren dauern und endet meist so abrupt, wie er begann.

Beim personalen Spuk kann es passieren, dass die Fokusperson direkt attackiert wird, in seltenen Fällen werden auch paranormale Körperverletzungsphänomene wie Kratzspuren, Handabdrücke oder blaue Flecken beobachtet. Physische Gewalt, die zum Tod eines Menschen führt, ist eher auszuschließen, die größere Gefahr besteht darin, dass die Psyche Schaden nimmt. Die Wesenheit, deren Aktivitäten offensichtlich in Zusammenhang mit einer bestimmten Person stehen, wird meist als »Poltergeist« bezeichnet.

Auch in diesem Fall sollte professionelle Hilfe in Anspruch genommen werden, eventuell sogar in Form einer psychotherapeutischen Behandlung, da die Möglichkeit besteht, dass der Spuk durch eine geistige Erkrankung unbewusst selbst herbeigeführt wird.

Eine weitere Annahme besagt, dass sich Jugendliche wie auch ältere Menschen, die einsam sind oder sich vernachlässigt fühlen, ohne dass Absicht dahintersteckt, Poltergeister »zulegen«, jemanden, der sozusagen an ihrer Stelle nach Aufmerksamkeit schreit.

Als weitere Auslöser für selbst herbeigeführten personalen Spuk werden Stress, Wut, Frust, Aggressivität, Enttäuschung oder Trauer genannt.

Arten von Geistern

George Tyrell, Präsident der Society for Psychical Research von 1945–1946, teilt Geister in fünf Hauptkategorien ein:

Experimentiergeister:
Das sind die Geister lebender Menschen, die durch unerklärbare Kräfte dazu veranlasst werden, an verschiedenen Orten zu erscheinen.

Krisengeister:
Sie zeigen sich ihnen nahestehenden Menschen, wenn diesen selbst oder nahen Angehörigen ein furchtbares Schicksal, womöglich mit Todesfolge, droht.

Post-mortem-Geister:
Diese treten erst nach dem Tod eines Menschen in Erscheinung, entweder um erlöst zu werden oder einfach nur um ihre Anwesenheit zu signalisieren.

Echte Geister:
Die »Klassiker« werden meist von Personen gesehen, die keinerlei Bezug zu ihnen aufweisen. Meist handelt es sich hierbei um ortsgebundene Wesenheiten.

Astralgeister:
In den altorientalischen Religionen waren sie die Geister der als be-

seelt gedachten Gestirne. In der Dämonologie des Mittelalters sind Astralgeister sowohl gefallene Engel und Seelen von Verstorbenen als auch aus Feuer entstandene Wesenheiten, die – zwischen Erde, Himmel und Hölle schwebend – keinem dieser drei Reiche angehören.

Natürliche Ursachen für Spuk

Neben den umgebungsabhängigen Erklärungen (Wetterphänomene oder Tieraktivitäten im Freien, Geräusche in Gebäuden, bedingt durch eingenistete Tiere oder Materialaktivität, usw.) existiert auch noch die psychogeografische Theorie. Diese stützt sich auf die Annahme, dass Spukorte oft eine »unheimliche Atmosphäre«, verstärkt durch Erzählungen und Berichte darüber, besitzen, die die Psyche und damit verbunden die Wahrnehmung der Menschen beeinflusst. Steht man zusätzlich unter Spannung, kann es passieren, dass physikalische Effekte wie ein kalter Luftzug, Magnetfelder oder Infraschall ein Gefühl des Gruselns auslösen und an einen übernatürlichen Zustand glauben lassen.

Magnetische Wechselfelder beispielsweise können über Induktion elektrische Ströme im Körpergewebe auslösen und damit einen schwachen Einfluss auf das Nervensystem haben. Bei entsprechenden Feldern konnten, vermutlich aufgrund induzierter elektrischer Ströme in der Retina des Auges oder im Sehnerv, optische Sinneswahrnehmungen wie Lichtblitze oder farbige Flächen beobachtet werden.

Infraschall wiederum kann Unwohlsein und andere körperliche Beschwerden verursachen, ebenso optische Täuschungen. Infraschall hat eine Frequenz, die von etwa 0,001 bis 20 Hz (Hertz) reicht, jedoch oberhalb von wetterbedingten Luftdruckschwankungen liegt. Der Fallwind in den Alpen, auch Föhn genannt, ist zum Beispiel eine starke Infraschallquelle im Bereich von 0,01–0,1 Hz.

Dieser psychogeografische Erklärungsansatz wurde durch groß angelegte wissenschaftliche Untersuchungen in »Spukhäusern« unter der Leitung des britischen Psychologen Richard Wisemann, der sich sein Geld vor seinem Psychologiestudium als professioneller Zauberkünstler verdiente, bekräftigt (www.richardwiseman.com).

Auf diesem Wissen aufbauend, konnte zum Beispiel ein englischer Ingenieur »seinen« Geist enttarnen, der während seiner nächtlichen Tätigkeit im Labor des Universitätsgebäudes in Coventry immer wieder an ihm vorbeihuschte. Der Wissenschaftler fand heraus, dass der Ventilator im Labor unhörbaren Infraschall mit einer Frequenz von 18 Hz aussandte, der den Augapfel in Schwingung versetzte und dem Gehirn so eine falsche Information zukommen ließ.

Übernatürliche Ursachen für Spuk

Hierfür existieren mehrere Annahmen:

Die animistische Theorie besagt, dass Spukphänomene von den Lebenden verursacht werden. Dies trifft speziell auf »Poltergeister« zu.

Beim spirituellen Ansatz wird davon ausgegangen, dass unabhängige Wesenheiten wie Seelen von Verstorbenen Spuk verursachen können, wenn diese sich noch in »unserer Welt« befinden, entweder weil sie noch nicht bereit sind, ihre irdische Existenz loszulassen, oder auf der Erde noch etwas zu erledigen haben. Diesen Standpunkt vertreten zum Beispiel die Anhänger Jakob Lorbers (österreichischer Mystiker und Visionär, gestorben 1864 in Graz), die davon ausgehen, dass sich vor allem ungläubige Christenseelen nach ihrem leiblichen Tod an ihrem gewohnten Lebensort bemerkbar machen.

Die Teilseelen-Theorie wiederum besagt, Spuk werde von verselbstständigten Teilseelen Verstorbener verursacht, die sich zum einen Teil absichtlich, zum anderen aber unbewusst so verhielten.

Zuletzt sei noch die Annahme von den verselbstständigten psychischen Eindrücken genannt, bei der man davon ausgeht, dass Gegenstände oder Häuser seelische Energien aufnehmen und auf sensitive Menschen übertragen können. Leicht von dieser Theorie abweichend, vermutete Harry Price, ein englischer Autor und Geisterforscher, zu Beginn des 20. Jahrhunderts, dass emotionsgeladene seelische Eindrücke nicht in der Substanz von Gebäuden, sondern in einem »psychischen Äther« zwischen Geist und Materie gespeichert sind, wodurch diese immer wieder wahrgenommen werden könnten.

Der Freiburger Parapsychologe Hans Bender meinte dazu, heftige Emotionen wie Hass, Liebe, Furcht und dergleichen wären in der Lage, eine örtlich gebundene Atmosphäre zu verursachen, die unabhängig von dem Menschen, der diese Emotion empfand, existiert und paranormale Ereignisse erzeugt oder begünstigt.

Diese These lässt sich auf die Spektrumtheorie erweitern, die besagt, dass Spuk zwar auf gedächtnisähnliche Spuren in der stofflichen Umgebung zurückzuführen sein könnte, aber auch die Möglichkeit besteht, dass Wahrnehmende die Phänomene unbewusst selbst erzeugen, um emotionale Bedürfnisse zu befriedigen.

SPUKGESCHICHTEN, DIE KEINE SIND

Jeder Mensch kann irren, aber Dummköpfe verharren im Irrtum!
(Marcus Tullius Cicero, röm. Redner und Schriftsteller, 106 v. Chr.–43 v. Chr.)

Zu den Streichen, die uns natürliche Gegebenheiten aller Art spielen können, kommen wir später. Zunächst einmal folgt ein kleines Repertoire an Geschichten, die weniger mit Geistern als mit Irrtümern, Täuschungen und sogar Betrug zu tun haben.

Spuk im Gymnasium (Österreich, 1992)

Im Jahr 1983 nahm sich in einem Wiener Gymnasium ein 17-jähriger Schüler das Leben. Er schnitt sich die Pulsadern auf und sprang ohne Vorwarnung und auch ohne einen Abschiedsbrief zu hinterlassen vom dritten Stock in die Tiefe und brach sich beim Aufprall auf dem Steinboden das Genick. Lehrer, Mitschüler und die Eltern des Verstorbenen rätselten über den Grund der Verzweiflungstat, doch es konnte keine Erklärung gefunden werden – die Noten des Jungen waren überdurchschnittlich, Liebeskummer schien als Motiv auszuscheiden und Probleme im Elternhaus gab es offensichtlich auch keine.

Zwei Monate nach dem tragischen Tod des Jugendlichen schlug eine 16-jährige Schülerin des Gymnasiums panisch Alarm, da sie genau an der Stelle des Geländers im dritten Stock, das der Selbstmörder berührt haben musste, bevor er sprang, eine klebrige rote Substanz an ihren Fingern spürte. Die herbeigeeilten Lehrer stellten fest, dass jemand offensichtlich Marmelade auf die Holzleiste geschmiert hatte.

Einige Tage später gellte spätabends ein Schrei aus dem zweiten Stock des Schulgebäudes und ein Klassenkamerad des Toten zeigte dem Hausmeister zitternd eine zusammengekrümmte Gestalt, die unten im Eingangsbereich auf dem Boden lag, genau an der Stelle, an der der unglückliche Jugendliche aufgeprallt war. Doch es handelte sich lediglich um einen großen Haufen Stoffreste, die die ersten Klassen zu Dekorationszwecken für eine Veranstaltung am nächsten Abend benötigten und kurzfristig dort deponiert hatten.

Im Lauf der nächsten Monate kam es immer wieder zu derartigen Vorfällen, der Direktor und die Lehrer waren ratlos angesichts der um sich greifenden kollektiven Hysterie.

Auf Anraten einer der Lehrkräfte hielt man gemeinsam mit einem Geistlichen eine Gedenkfeier in der Aula der Schule ab, danach kehrte wieder Ruhe in das Schulgebäude ein.

Der Hammersmith-Geist (England, 1804)

Im Winter des Jahres 1804 versetzte eine große weiße Gestalt, die nachts durch Londons Straßen schlich, die Menschen in Alarm.

Eine Frau, der der Geist erschien, soll sogar an den Folgen des erlebten Schocks gestorben sein. Die Einwohner lebten in ständiger Angst, auch ihnen könne irgendwann einmal das Gespenst über den Weg laufen, und vermieden es, nach Einbruch der Dunkelheit ihre Häuser zu verlassen.

In jener Zeit wurde viel spekuliert, die einen meinten, dass es sich bei der unheimlichen Gestalt um den Geist eines jungen Mannes handle, der sich aus Liebeskummer die Kehle durchgeschnitten hatte und nun keine Ruhe fand. Andere wiederum hatten das Gefühl, die Erscheinung sei aus Fleisch und Blut. Endlich beschlossen einige Bürger, sich auf die Lauer zu legen, um das Phantom zu stellen.

Drei Nächte lang hielten die Freiwilligen Wache, doch der Geist ließ sich nicht blicken. In der vierten Nacht trat endlich die weiße Gestalt aus der Dunkelheit und sank wenige Sekunden später, von einem Schuss aus der Pistole eines der tapferen Männer getroffen, zu Boden. Es stellte sich heraus, dass es sich bei dem Geist um einen Maurergesellen handelte, der spät von der Arbeit nach Hause ging und dabei seinen mit Zement verschmutzten Arbeitsanzug trug.

Der Putzgeist (USA, 1978)

Ein frisch verheiratetes Paar bezog sein erstes gemeinsames Haus und fühlte sich einige Wochen lang pudelwohl in den eigenen vier Wänden. Doch eines Morgens, als der Mann die Küche betrat, bemerkte er, dass das Geschirr, das am Abend zuvor, als das Ehepaar zu Bett ging, noch schmutzig in der Abwasch gestanden hatte, abgewaschen und in die Schränke eingeräumt worden war.

Drei Tage später brannten am Morgen alle Lichter im Haus, obwohl sich die Eheleute sicher waren, in der Nacht alles abgedreht zu haben. Wieder einige Tage später standen alle Aschenbecher geleert und gesäubert im Wohnzimmerschrank. Das Ehepaar hatte jedoch am Abend zuvor Besuch gehabt und war müde schlafen gegangen, ohne aufzuräumen.

In keinem der Fälle konnten Einbruchsspuren festgestellt werden, es wurde auch nie etwas beschädigt oder entwendet.

Der Mann und die Frau beschlossen umzuziehen, da etwas in ihrem Haus offensichtlich nicht mit rechten Dingen zuging.

Die beiden zogen in einen neu erbauten Bungalow und freuten sich über ihr hübsches Heim. Doch schon wenige Wochen später begann der Spuk erneut.

Das Paar war sich nun sicher, dass ein Geist sich bei ihnen angehängt hatte, der sogar mit ihnen umgezogen war. Die Frau bekam über einen Pfarrer den Kontakt zu einem Parapsychologen, der sich bereit erklärte, ihnen zu helfen. Dieser bezog des Nachts Stellung im Wohnzimmer der Eheleute, nicht ohne vorher eine Infrarotkamera und ein Aufnahmegerät platziert zu haben. Schon eine Stunde später, der Mann war gerade am Einnicken, öffnete sich die Schlafzimmertür und herausspaziert kam die Frau des Hauses. Mit starrem Blick schlurfte sie in die Küche und begann das Geschirr zu spülen. Der Parapsychologe schaltete seine Geräte ab und führte die Schlafwandlerin behutsam zurück in ihr Bett. Am nächsten Morgen klärte er die Geschichte auf und verließ das erleichterte Paar.

Das Brockengespenst (Deutschland, um 1818)

Der Brocken ist mit 1142 Metern der höchste Berg im Harz und galt lange Zeit als Treffpunkt von Hexen und Dämonen. Als wäre das nicht schon Grund genug gewesen, den Berg zu meiden, tauchten dann auch noch Berichte über eine riesige gespenstische Gestalt auf, die sich aus dem Nichts vor Wanderern aufbaute und diese in Angst und Schrecken versetzte. Jahrelang wurde der Brocken daraufhin als Ausflugsziel gemieden.

1818 lüftete ein deutscher Gelehrter namens Gustav Jordan das Geheimnis des Brockengespensts, nachdem er mehrere Male selbst den Berg bestiegen hatte und dem furchterregenden Geist begegnet war: Es handelte sich um eine optische Täuschung durch das

Licht. Jordan erklärte das Phänomen folgendermaßen: Wenn die auf- bzw. untergehende Sonne ihre Strahlen über den Brocken auf den Körper eines Menschen wirft, gleichzeitig Nebelschwaden hinter oder um die Person herum in der Luft hängen, wird sich deren Schatten in ungefähr drei Kilometer Entfernung auf eine Länge von 150 bis 180 Meter vergrößern. Der Gelehrte betonte, dass es sich bei diesem Naturschauspiel um eines der reizvollsten Phänomene handle, das er je in Deutschland beobachten konnte.

Das verliebte Gespenst (Deutschland, 1982)

Der Bericht, demzufolge sich in einer Neutraublinger Zahnarztpraxis ein verliebtes Gespenst eingenistet zu haben schien, ging als der Fall »Chopper« in die Geschichte ein. Fast die gesamte deutsche Öffentlichkeit beteiligte sich im Jahr 1982 an dem Rätselraten um die seltsamen Vorgänge in den Behandlungsräumen von Dr. Kurt Bachseitz.

Der offensichtlich von der attraktiven Arzthelferin Claudia besessene Geist verfolgte seine Angebetete mit Liebesschwüren und anzüglichen Bemerkungen, die Stimme schien von überallher zu kommen und jeder, sowohl das Personal als auch die Patienten, konnte sie hören. Wochenlang suchten Polizeibeamte, Abhörspezialisten der Bundespost sowie des Freiburger Instituts für Grenzfragen der Psychologie nach der Herkunft der Stimme, die sich am Telefon meldete und aus dem Waschbecken sowie der Klomuschel kam. Die Parapsychologen vermuteten von Anfang an Claudia als die Urheberin des Spuks, da die Vorfälle eher an – an Hysterie grenzende – Lust zur Darstellung erinnerten als an irgendetwas Paranormales und »Chopper« sich immer nur in dem Moment lauthals meldete, wenn sich die Untersucher von der jungen Arzthelferin wegdrehten und die Situation nicht genau beobachten konnten.

So wandten sie eine List an, indem sie vorgaben, sie würden sich mit dem Tonbandgerät beschäftigen, während sie Claudias Spiegelbild auf den sauberen Fliesen an der Wand beobachteten. Die Männer konnten klar erkennen, dass das Mädchen die Lippen bewegte und mit verstellter Stimme als »Chopper« zu ihnen sprach.

Gemeinsam mit dem damals 62-jährigen Zahnarzt und dessen Ehefrau hatte die Zahnarzthelferin den Spuk inszeniert, um das Interesse der Öffentlichkeit auf sich zu ziehen.

Die drei Spaßvögel wurden zu einer fünfstelligen Summe wegen Vortäuschung einer Straftat verurteilt, außerdem erhielten sie eine Schadenersatzrechnung von der Bundespost über 35.000 DM.

DIE GEISTERJAGD (Ghost Hunting)

Die Geschichte der Geisterjagd

Die erste Untersuchung paranormaler Vorgänge ist von Plinius dem Jüngeren (römischer Senator und Schriftsteller) um 100 v. Chr. überliefert. Er beschreibt den Einsatz von Geisterjägern in einem Spukhaus im antiken Athen durch Athenodoros Cananites.

Die erste größere spirituelle Bewegung hat ihren Ursprung 1848 in New York und bestand bis in die späten 1930er-Jahre. Zu ihren berühmten Mitgliedern zählten unter anderem Kate Fox, die Davenport-Brüder, Daniel Douglas Home, Florence Cook, Margery Crandon, aber auch Sir Arthur Conan Doyle und Harry Houdini.

In Deutschland verarbeitete Johann Wolfgang von Goethe seine Erlebnisse mit Spukerscheinungen in der 1808 veröffentlichten Tragödie »Faust«.

1862 wurde in London der Ghost Club (www.ghostclub.org.uk) mit Mitgliedern wie Charles Dickens oder Sir William Crookes gegründet, der als die erste »seriöse« Institution galt, die Spukphänomene untersuchte.

Zwischen 1880 und 1890 wurden in den USA und in England erstmals wissenschaftliche Methoden zur Erforschung paranormaler Fragestellungen eingesetzt, um Beweise für die Existenz von Geistern zu finden.

Zu Beginn des 20. Jahrhunderts erregte die umfangreiche Fallsammlung der Schweizer Zoologin und Parapsychologin Fanny Moser großes Interesse. Die Naturwissenschaftlerin widmete sich, nachdem sie um 1913 als Gast an einer spektakulären Privat-Séance eines Berliner Mediums teilgenommen hatte, bis an ihr Lebensende, 40 Jahre lang, der kritischen Quellensammlung parapsychologischer Phänomene. Sie hinterließ ihre umfangreiche Bibliothek dem Institut für Grenzgebiete der Psychologie und Psychohygiene (IGPP) in Freiburg.

In England brachte Harry Price paranormale Untersuchungen verstärkt an die Öffentlichkeit. Dem charismatischen Enthusiasten gelang es außerdem, mehrere Betrüger im Bereich der Geisterfotografie, die ihr Geld mit doppelt belichteten Bildern machten, zu entlarven. Da er jedoch hin und wieder auch mit bewusster Sensationsmache und effektvollen Darbietungen arbeitete, wurde er noch weit über seinen Tod im Jahr 1948 hinaus von eifersüchtigen Kollegen attackiert.

Zu jener Zeit versuchte der US-amerikanische Erfinder Thomas Alva Edison ein elektrisches Gerät zu entwickeln, das die Kommunikation mit Geistern von Verstorbenen möglich machen sollte. Doch Edison verstarb, noch ehe er sein Werk vollenden konnte.

Aber die Experimente von Menschen aus der ganzen Welt gingen weiter und dauern bis heute an.

Die Geisterjagd heute

Neben Peter Underwood und Hans Holzer gilt heute Jeff Belanger aus den USA als einer der berühmtesten Geisterjäger. Bereits als Zehnjähriger entdeckte er sein Interesse an der Jenseitsforschung, seit 1997 schreibt er Bücher zu diesem Thema und 1999 gründete er die weltweit größte und populärste Website zum Thema Geistererscheinungen (www.ghostvillage.com).

Ebenfalls in den USA tätig sind AGS (American Ghost Society), gegründet von Troy Taylor, der bereits über 50 Bücher über unerklärbare Phänomene in den USA geschrieben hat (www.prairieghosts.com/ags.html), des Weiteren die Ghost Hunters bzw. TAPS (The Atlantic Paranormal Society), gegründet von Jason Hawes und Grant Wilson (www.the-atlantic-paranormal-society.com).

Auf dem Gebiet der Parapsychologie, also der wissenschaftlichen Geisterjagd, gilt in Deutschland gegenwärtig Walter von Lucadou als einer der führenden Forscher. Er richtete in Freiburg 1989 eine Parapsychologische Beratungsstelle ein (www.parapsychologische-beratungsstelle.de); dort geht es vor allem um Aufklärung und Information über die unkritische Beschäftigung mit Okkultismus.

Hierzulande erfüllt diese Funktion die Österreichische Gesellschaft für Parapsychologie (www.parapsychologie.ac.at), die 1927 in Wien gegründet wurde und sich dem wissenschaftlichen Studium von paranormalen Phänomenen verschrieben hat. Ihr Sitz ist im Neuen Institutsgebäude der Universität Wien am Institut für Ethnologie, Kultur- und Sozialanthropologie. Neben der Veranstaltung von regelmäßigen Vorträgen und der Öffentlichkeitsarbeit liegt die Hauptaktivität der Gesellschaft momentan in der Erhaltung und Erweiterung ihrer Bibliothek und des Archivs. Die umfassende Sammlung zum Themenbereich Parawissenschaften umfasst über 4000 Bücher, alle international bedeutenden Fachzeitschriften und zahlreiche Forschungsmaterialien wie Videos, Filme und Tonbänder.

Das Interesse und die Faszination der Menschen an Spukphänomenen sind ungebrochen, was die starke Frequenz einschlägiger Seiten im Internet, die hohen Verkaufszahlen von Spukbüchern und die Spitzen-Einschaltquoten von Ghost-Hunting-Reality-TV-Shows beweisen (zum Beispiel »Most Hounted«/England oder »Ghost Hunters«/USA, in denen Teams paranormaler Ermittler quer durch Europa und die USA reisen und mit wissenschaftlichen Methoden jene Orte untersuchen, denen am meisten Gruselpotenzial nachgesagt wird).

Kritiker der Geisterjagd bemängeln allerdings, dass kaum wissenschaftlich überprüfbare Beweise für die Existenz von paranormalen Phänomenen vorlägen, obwohl dieses Thema die Menschheit seit Jahrhunderten beschäftige. Man geht davon aus, dass die meisten Erscheinungen natürliche Ursachen hätten oder durch wiederkehrende spontane Psychokinese erklärbar seien.

Und doch: Trotz aller Kritik und Erklärungsversuche taucht immer wieder verblüffendes Bild- und Tonmaterial auf, dessen Inhalte unter Ausschluss natürlicher Gegebenheiten nicht erklärbar sind. Und genau deshalb wird die Faszination an der Jenseitsforschung weiter andauern.

Und genau deshalb gibt es auch die Geisterjäger! Laufend entstehen auf der ganzen Welt neue Teams, die sich aufmachen, das ultimative Foto zu schießen oder Video zu drehen, um allen »Ungläubigen« zu beweisen, dass »sie« existieren. – Und: Nicht nur Trinker und Träumer sehen Geister, es kann jedem von uns passieren!

Geisterjäger und ihre Ausrüstung

Als »Geisterjagd« bezeichnet man die Untersuchung eines Ortes, von dem behauptet wird, dass dort unerklärliche Phänomene auftreten, mithilfe von speziellen technischen Geräten.

Ein Geisterjäger-Team besteht aus mehreren Personen, idealerweise bunt gemischt vom »Sensitiven« bis hin zum »Skeptiker«, das im Rahmen eines oder mehrerer Einsätze versucht, die paranormalen Aktivitäten mit wissenschaftlichen Methoden zu analysieren, diese in Bild und Ton festzuhalten und gegebenenfalls den Ort zu reinigen.

Die Ghost Hunters arbeiten mit Ausrüstungsgegenständen wie Videokameras inklusive Nightshot (macht Aufnahmen bei völliger Dunkelheit möglich), Fotoapparaten, Diktafonen zum Aufnehmen von EVPs (Electronic Voice Phenomena), Walkie-Talkies, Nachtsichtgeräten, Infrarot-Temperaturmessern und EMF-Messgeräten, die elektromagnetische Strahlung erfassen (eine Theorie besagt, dass sich Geister bevorzugt in solchen Feldern aufhalten, eine andere wiederum, dass Menschen dort besonders wahrnehmungsfähig sind, aber auch leicht Illusionen unterliegen können).

Weiters können Geigerzähler (messen Alpha-, Beta- und Gammawellenstrahlung, die schon oft im Zusammenhang mit paranormalen Erscheinungen festgestellt wurden), Ionen-Detektoren (zeigen gleichzeitig die Anwesenheit sowohl negativer als auch positiver Ionen in der Umgebung an, da angenommen wird, dass paranormale Aktivitäten eine Ionisation der Umgebungsluft zur Folge haben) und Bewegungsmelder (Ultraschall oder Infrarot) zum Einsatz kommen.

Hilfreich sind auch Laptops für die direkte Einspeisung der Bilder von den Videokameras (erspart das spätere Überspielen des Materials) und Webcams.

Weniger technisch, aber umso hilfreicher sind folgende Utensilien: Kerzen (flackerndes Licht kann auf die Anwesenheit eines Geistes hindeuten – oder einen ganz natürlich erklärbaren Luftzug sichtbar machen), Kreide (zum Markieren von Gegenständen, um kontrollieren zu können, ob sich etwas verschoben hat), Kompass und eventuell Wünschelrute, um nach Energiequellen zu suchen.

Einige Geisterjäger sind auch auf den Hund gekommen, da sie glauben, dass Tiere – so wie kleine Kinder auch – generell die Fähigkeit besitzen, Geister wahrzunehmen.

DAS TEAM DER API
(Austria Paranormal Investigators)

Das »Basisteam« der API besteht aus Uschi, Tina, Ernst und Günther aus Österreich. Oft mit dabei sind Birgit und Melanie aus Deutschland.

Des Weiteren gibt es immer wieder Interessierte, die sich den Ghosthunters anschließen, manche bleiben längere Zeit im Team und absolvieren einige Untersuchungen, andere wollen nur kurz in die Materie eintauchen und verlassen das Team nach wenigen Wochen wieder (oder nach nur einem einzigen gespenstischen Einsatz).

API arbeiten auch mit Medien und Hochsensitiven, wobei sie deren Visionen oder Erlebnisse nie in ihre Auswertungen aufnehmen, da sie der Meinung sind, dass von diesen Menschen individuell Erfahrenes, für andere aber nicht Sicht- oder Hörbares in einer seriösen Berichterstattung nichts verloren hat. Wirklich von Bedeutung sind ausschließlich Bilder und Stimmen, die an dem nach paranormalen Phänomenen abgesuchten Orten eingefangen wurden!

API arbeiten seit April 2006 im In- und Ausland, stets auf der Suche nach Kontakt zum Jenseits, um Verstorbenen mithilfe der Technik die Möglichkeit zu geben, mit den Lebenden zu kommunizieren.

Uschi (die Skeptische)

Geboren am 03.03.1971 in Wien, verheiratet, zwei Kinder, kaufmännische Angestellte, lebt in Wien.

Uschi ist die Gründerin des Vereins und interessiert sich bereits seit ihrer Schulzeit für Jenseitsforschung. Sie wandte sich auf der Suche nach Antworten als Teenager vom Katholizismus ab und dem heidnischen Glauben zu, fand jedoch Jahre später, aufgrund der Erkenntnis, dass »Gott« überall zu finden ist, wieder zum Christentum zurück.

Sie beschäftigt sich neben ihrer Arbeit als Geisterjägerin mit Weiterbildung im spirituellen Bereich (Reiki-Meisterin/-Lehrerin, Kundalini, Lichtarbeit).

Uschi hat schon sehr früh beschlossen, dass Sagen, Mythen und Legenden zu fern der Realität sind und man damit eigentlich nichts, was außernatürliche Geschehnisse betrifft, erklären kann. Sie möchte mit ihrer Tätigkeit Menschen über Täuschungen in Bezug auf Spukerscheinungen und Irrtümer im Bereich Jenseitsforschung aufklären, die Angst vor paranormalen Phänomenen nehmen und vor allem handfeste Beweise für die Existenz von Wesenheiten mitten unter uns liefern.

Uschi ist außerdem diejenige, die ständig auf der Suche nach neuen Spukorten tage- und nächtelang im Internet recherchiert, Termine vereinbart und die gesamte Planung der Einsätze übernimmt. Allerdings kommt es auch oft vor, dass Uschi an einem Samstag- oder Sonntagnachmittag die Unternehmungslust packt, sie Tina anruft und sich die beiden spontan auf den Weg machen, um irgendwo auf die Jagd nach Geistern zu gehen.

Tina (die Neugierige)

Geboren am 12.09.1971 in Kittsee, ledig, ein Kind, kaufmännische Angestellte, lebt in Wien.

Tina, Mitglied seit der ersten Stunde, ist sehr empfänglich für jede Art von Energie und befindet sich im ständigen Lernprozess, um diese zu definieren und damit umgehen zu können. Daher beschäftigt sie sich schon lange Zeit mit Magie und verschiedensten Kulten und versucht getreu ihrem Motto »Wissen ist Macht« auch die dunklen Seiten zu ergründen, um mit den hellen (göttliches Licht, Engeln) arbeiten zu können.

Tina hat Zukunftsvisionen in Form von Träumen und sieht Katastrophen, die ihr nahestehende Menschen betreffen, voraus und steht außerdem in ständigem Kontakt mit ihrem verstorbenen Vater.

Sie ist die Neugierigste der Truppe und oft schwer zu bremsen, will jeden Millimeter eines Ortes genau erkunden, selbst wenn irgendwo »Betreten verboten« zu lesen ist, und ärgert sich fürchterlich, wenn sie vor einer verschlossenen Tür steht.

Ernst (der Nüchterne)

Geboren am 21.09.1969 in Wien, ledig, keine Kinder, Schildermaler, lebt in Wien.

Ernst, der von seiner Jugendfreundin Uschi ins Team geholt wurde, hat keinerlei Zugang zur Spiritualität, verlässt sich nur auf das, was er sieht oder hört, vor allem aber auf die moderne Technik.

Er ist der Bodenständigste im Team, der alles zerpflückt und nur ungern zugibt, dass man nicht alles erklären und berechnen kann. Sein Zugang zur Arbeit der Geisterjäger ist ein rein wissenschaftlicher, er konzentriert sich vor allem auf die Geräte, deren Funktion und die Aufzeichnungen.

Ernst ist der Ausgeglichenste in der Gruppe, der mit viel Witz und Humor die Stimmung lockert, wenn bei einer »Geisterjagd« vor Ort die Spannung unerträglich zu werden droht, oder die anderen tröstet, wenn die Auswertung nach einem Einsatz keine brauchbaren Ergebnisse liefert.

Günther (der Introvertierte)

Geboren am 08.11.1980 in Wien, ledig, ein Kind, Einzelhandelskaufmann, lebt in Wien.

Günther hat in einem Esoterikforum über API gelesen und sich dem Team deshalb angeschlossen, weil er seine Überzeugung mit anderen teilen und mit Gleichgesinnten arbeiten wollte.

Nachdem er sich jahrelang mit seinen Erlebnissen und Erfahrungen hinsichtlich Spukerscheinungen allein gelassen gefühlt hat, kann er nun sein Wissen sinnvoll nutzen und in seine Tätigkeit mit den Geisterjägern einbringen. Im Team sucht er nach Antworten auf Fragen, die er sich seit frühester Jugend stellt.

Birgit (die Erfahrene)

Geboren am 20.01.1963 in Kassel (Deutschland), geschieden, zwei Kinder, Einzelhandelskauffrau, lebt in der Nähe von Kassel.

Birgit, auch Biggi genannt, fühlt seit ihrer Kindheit Astralwesen und umgibt sich seitdem mit »ihren« Geistern, als wäre dies das Selbstverständlichste auf der Welt. Sie unterhält sich mit den in ihrer Wohnung beheimateten, ihr meist unbekannten, Verstorbenen, lobt sie, wenn sie nett sind, schimpft mit ihnen, wenn sie lästig werden.

Biggi stieß auf die Homepage von API und wollte ursprünglich eine Verifizierung ihres Videos von Mary Anne, einem ihrer Hausgeister. Sie blieb beim Team, weil sie mithilfe der Technik sich und anderen beweisen möchte, dass sie nicht verrückt ist, dass Geister existieren und man sie auch in Bild und Ton »festhalten« kann. Außerdem hofft sie, durch die Arbeit mit den anderen und die professionelle Kommunikation mit den Toten mehr Informationen zu bekommen, wie sie »ihren« Geistern helfen und diese erlösen kann.

Melanie (die Sichtige)

Geboren am 25.03.1987 in Kassel (Deutschland), ledig, keine Kinder, Einzelhandelskauffrau, lebt in der Nähe von Kassel.

Melanie ist Biggis Tochter, sie sieht, was Biggi nur spürt.

Auch Melanie besitzt ihre Gabe seit der Kindheit und geht ganz selbstverständlich mit dieser um. Sie unterstützt das Team nur sporadisch, hauptsächlich beim Sichten des Materials, da sie oft etwas entdeckt, was die anderen nicht sehen können.

Alle Mitglieder des Teams von API sind stets bemüht, unvorbelastet und neutral an jeden neuen Einsatz heranzugehen, ihre Arbeit vor Ort nüchtern und professionell abzuwickeln und die Auswertungen kritisch zu betrachten, um Täuschungen jeder Art auszuschließen. 90 Prozent aller Phänomene sind natürlichen Ursprungs, derselbe Anteil an ausgewertetem Material unbrauchbar.

Doch getreu ihrem Motto »Wo nichts ist, ist eben nichts« stecken API Niederlagen unbeklagt weg. Die Gruppe lebt für die zehn Prozent, für die gelungenen Einsätze und aussagekräftigen Aufzeichnungen, ohne dabei ihr Ziel aus den Augen zu verlieren, trotz der Erfolge am Boden der Realität und seriös zu bleiben.

Und während Sie diese Zeilen lesen, bringen Uschi und Co. wahrscheinlich gerade wieder in irgendeinem alten Gemäuer ihre Geräte in Position und harren der Dinge, die da kommen mögen.

»Wir suchen die Geister nicht, sondern wir hoffen, dass sie uns finden, und wir jagen sie auch nicht, sondern wir helfen ihnen, mit uns zu kommunizieren!«

WIE ALLES BEGANN

Es war im April 2006 – ein spontanes Treffen der beiden Freundinnen Uschi und Tina aus Wien sollte zur Gründung eines Vereins, der sich der Erforschung paranormaler Phänomene verschreibt, führen.

Die beiden jungen Frauen, die sich zu diesem Zeitpunkt bereits seit elf Jahren kannten, hatten an diesem regnerischen Tag zum ersten Mal ein anderes Gesprächsthema als ihre pubertierenden Kinder. Uschi brachte die Rede auf Spukerscheinungen und machte sich darüber lustig, was Menschen alles anstellen, um den Beweis für die Existenz von Geistern zu erbringen. Sie meinte, dass diese Pseudo-Jenseitsforscher mit dilettantisch hergestelltem Bild- und Tonmaterial und mit völlig unsinnig interpretierten Ergebnissen eher die Angst und das Misstrauen bei den Menschen förderten, anstatt Interesse zu erwecken; und sie äußerte den Wunsch, selbst seriöses und professionelles »Ghosthunting« zu betreiben.

Tina reagierte verwundert darauf, dass Uschi sich für dieses Thema begeisterte, und gestand ihrer Freundin, dass sie ebenfalls von dem Gedanken fasziniert wäre, Geister zu jagen und möglicherweise ihre Gestalt auf Bild oder ihre Stimmen auf Band einzufangen.

Kurzentschlossen machten sich die beiden Frauen, ausgerüstet mit einer Digitalkamera und einer Taschenlampe, noch am selben Tag gegen 23.00 Uhr auf den Weg, um an gruseligen Plätzen durch die Linse Ausschau nach einem fotogenen Gespenst zu halten. Doch außer dass die Nacht schwarz war, konnte man auf den Fotos nichts erkennen.

In ihrem Eifer ungebremst, brachen Uschi und Tina wenige Tage später erneut auf, dieses Mal mit einem bestimmten Ziel, der Burgruine Rauhenstein, am Eingang des Helenentals in Baden am Ufer der Schwechat gelegen. Angetan von den Legenden und Sagen, die sich um diese ehemals imposante Festung ranken, waren die beiden Frauen davon überzeugt, dass sie dort ruhelos umherirrenden Geistern begegnen würden.

Zur Geschichte von Burg Rauhenstein

Als eine der größten Burgen im Umkreis von Wien dürfte Burg Rauhenstein im letzten Drittel des 12. Jahrhunderts erbaut worden sein. Aus dieser Zeit stammt noch der die Vorburg beherrschende Bergfried.

Rauhenstein wurde erstmals 1186 mit dem Namen der Brüder »Alber et Chonrat de Ruhinstein« im Klosterneuburger Traditionskodex, einer für die lokale Geschichtsforschung wichtigen Quelle, erwähnt. Nach einem Heinrich von Rauhenstein ging die Festung 1203 in den Besitz eines Otto Turse (= Riese) von Rauhenstein über (an ihn erinnert in Wien die »Rauhensteingasse«), und als das Geschlecht der Tursen ausstarb, fiel das Gemäuer, vermutlich durch Heirat, dem Geschlecht der Pillichsdorfer zu. Ab dem Jahr 1386 schienen die Puchheimer als Eigentümer der Burg auf.

1466 wurde der Bau nach der Auflehnung eines von Puchheims gegen Friedrich III. von dessen Truppen erobert und gehörte fortan zum landesfürstlichen Kammergut. Im 15. und 16. Jahrhundert war die Festung Zentrum eines großen Landesgerichtsbezirks. Ende des 16. Jahrhunderts wurde Rauhenstein verkauft, 1617 mit der Herrschaft Weikersdorf vereinigt und 1683 von den Türken schwer beschädigt.

An dem endgültigen Verfall der Burg könnte die Dachsteuer (Gebäudesteuer, nach der Dachfläche berechnet) aus dem 18. Jahrhundert schuld gewesen sein. Zu jener Zeit wurden viele Burgen abgedeckt, um Steuern zu sparen, eventuell auch Rauhenstein, und zwar von deren damaligem Besitzer Otto Josef von Quarient und Raal. Dies ist jedoch reine Spekulation. Im Jahr 1741 kam die Familie Doblhoff-Dier in den Besitz der Burg, der sie bis zum heutigen Tag gehört.

1800 bis 1806 war eine Kienruß- und Terpentinbrennerei, die aus den Schwarzföhren der Umgebung Harz gewann und verarbeitete, in den noch benützbaren Teilen des Gebäudes untergebracht, was die Schwarzfärbung der Ruinenmauern erklärt.

In den letzten Jahren wurde das Mauerwerk saniert und gesichert, die Ruine und der Turm können jederzeit besichtigt werden.

Eine Legende besagt, dass die Kapelle St. Helena am gegenüberliegenden Flussufer 1518 aus Dankbarkeit dafür errichtet wurde, dass eine Braut, die beim ausgelassenen Feiern ihrer Hochzeit von der Festung stürzte, von ihrem Schleier durch die Luft getragen, unverletzt unten auf dem Weg landete.

Am 1. Oktober 1809 soll Kaiser Napoleon, als er von Schönbrunn aus seine Soldaten in Baden besuchte, beim Anblick der Ruine Rauhenstein zu seinem Begleiter, General Berthier, gesagt haben: »Es müsste gut sein, an diesem stillen Örtchen St. Helena sein Leben zu beschließen.« Einige Jahre später starb Napoleon auf der englischen Insel St. Helena.

Die Ritterlegenden

Es wird erzählt, dass freche Räuber bis ins 15. Jahrhundert im Helenental ihr Unwesen trieben und durch ihre erfolgreichen Beutezüge den Handel dort störten. Die diebischen Ritter sollen eine goldene Kette zwischen den beiden gegenüberstehenden Festungen

Rauhenstein und Rauheneck gespannt und damit die Kaufleute und Pilger an der Weiterfahrt ins Tal gehindert haben. Einer der Burgherren verschleppte mithilfe seines Gesindes die Reisenden auf seine Burg und plünderte sie aus. Danach heuchelte er Erbarmen, gab den Fremden einen Teil ihrer Habe zurück und setzte sie wieder im Tal ab, wo sie von den Raubgesellen der anderen Burg überfallen und neuerlich ausgeraubt wurden.

Eine andere Sage erzählt von dem tapferen Ritter Wolf, der hart und unerbittlich seinen Zorn nicht nur gegen seine Feinde, sondern auch gegen die Armen und »Niedrigen« richtete, weshalb man ihn nicht den »Rauhensteiner«, sondern den »rauhen Stein« nannte. So trug es sich zu, dass Wolf zwei Badener Bürgerssöhne zum Tod verurteilte, weil sie in seinem Wald ein Stück Wild erlegt hatten. Der Vater der beiden jungen Männer bat um Gnade, die der hartherzige Ritter jedoch nicht gewährte, den Alten stattdessen auslachte und in den Kerker werfen ließ. Doch da dieser ein kunstfertiger Glockengießer war, baten die Badener Bürger um Gnade für ihn und seine beiden Söhne, die Wolf nach langer Verhandlung widerwillig gewährte, verknüpft mit folgender Bedingung: Der Vater sollte für sich und einen seiner Jungen eine Glocke gießen, die beim Tod des anderen Sohnes geläutet werden sollte. Nur so würde er sich und zumindest eines seiner Kinder retten können.

Unter Zeitdruck goss der alte Mann verzweifelt die Glocke im Hof der Burg Rauhenstein, wissend, dass sein Werk einem seiner Söhne den Tod bringen würde. Die fertige Glocke wurde im Schlossturm aufgehängt, und als der Ritter Wolf befahl, diese zu läuten, verlor der Alte den Verstand, stürmte die Wendeltreppe empor und zog wie wahnsinnig am Seil. Er jammerte und fluchte, während sein Sohn ermordet wurde. Zur gleichen Zeit brach ein Unwetter los, ein Blitz schlug in den Turm ein und tötete den alten Glockengießer, die Burg brannte bis auf die Grundmauern ab.

Eine weniger dramatische Legende kursiert über Heinrich von Rauhenstein: Der damalige Besitzer der Burg hatte um 1187 seine Tochter Hulda demjenigen versprochen, der ihr das Nützlichste und Angenehmste aus dem Heiligen Land mitbringen würde. Der Ritter Walther von Merkenstein schenkte der schönen Hulda Safransamen und erhielt ihre Hand – auf diese Weise, sagt man, wurde die Pflanze in Österreich heimisch. Erst im Jahr 1851 verödete in Baden das letzte Safranfeld.

Die Geisterjagd: Ein Mann mit Perücke und zwei Stamperln Wodka

Kurz nach 22.00 Uhr stehen die beiden Frauen, mit einem Camcorder inklusive Nightshot bewaffnet, in einer bereits lauen Aprilnacht vor ihrem Ziel.

Sie ignorieren den angezeichneten Wanderweg hinauf zur Burg, die von mächtigen Föhren umzingelt auf steil aufwärtsstrebenden Felsriffen hoch über der kleinen Biedermeierstadt Baden thront, und kraxeln in tiefschwarzer Dunkelheit ungeduldig quer durch den Wald aufwärts. Beim Eingang angekommen, bleiben die beiden wie angewurzelt vor dem Torbogen stehen und krallen sich gegenseitig die Fingernägel in den Arm, da aus dem Innenhof der Burg leises Stimmengewirr zu hören ist. Die Herzen der beiden Frauen klopfen nicht nur aufgrund des steilen Aufstiegs zum Zerspringen, als sie weiterschleichen, um einen Blick in das Innere der Ruine zu erhaschen. Doch der gleichermaßen befürchtete wie erhoffte Spuk entpuppt sich als Gruppe Jugendlicher, die gemütlich zusammensitzen und plaudern. Die jungen Leute verstummen allerdings schlagartig, als ihnen zwei Frauengestalten mit Lampe und Kamera in der Hand entgegentreten und sie aus blassen Gesichtern anstarren.

Peinlich berührt eilen Uschi und Tina zum Turm, während im Hof die Jugendlichen zusammenpacken und die Ruine verlassen (entweder sind ihnen die unvermutet aufgetauchten Besucherinnen unheimlich oder sie wollen bei dem, was die beiden vorhaben, nicht stören).

Die zwei Frauen setzen sich im Gewölbe in eine Nische, schalten die Lampen aus und harren der Dinge, die da kommen mögen, in der Hoffnung, dass sie nicht erneut von Einheimischen, die die Burg zum nächtlichen Ausflugsziel auserkoren haben, gestört werden.

Uschi hält die Kamera in die Dunkelheit, ohne die eigene Hand vor den Augen sehen zu können, während Tina, nun offensichtlich wirklich von Angst gepackt, unheilvoll zu flüstern beginnt. Nach einer kurzen Atemnot murmelt Tina, die unter leichtem Asthma leidet, erneut los. Uschi verfällt in Panik, als sie den Sinn der gestammelten Worte begreift: »Siehst du ihn? Da ist ein Mann mit einer weißen Perücke. Was will der?« Uschi beginnt zu zittern und meint ein lautes Knacken vor sich zu hören. Sie weiß nicht, ob sie mehr Angst vor einem Geist oder vor den Jugendlichen, die vielleicht zurückgekommen sind, haben soll. Mit schlotternden Knien steht sie auf und krächzt: »Gehen wir, ich lass die Kamera aber weiterlaufen.« Doch Tina hält ihre Freundin am Arm fest und keucht entsetzt: »Er kommt näher. Was willst du denn? Was willst du mir mitteilen?« Uschi ist abwechselnd heiß und kalt, während sie stur in die Richtung filmt, in die Tina deutet.

Als die beiden noch einmal ein lautes Knacken vernehmen und Steine von oben herab ins Gewölbe fallen, packt Uschi ihre Freundin am Arm und zerrt sie aus der Burg. Die beiden fliegen förmlich durch den Wald, springen in ihr Auto und rasen davon.

An einer Tankstelle halten sie an, Uschi kippt zwei Stamperln Wodka, während Tina sich nur langsam aus ihrer Erstarrung zu lösen vermag. Dann fahren die beiden Frauen, jede für sich in Gedanken versunken, nach Hause.

Die Auswertung: Eine gekrümmte Wirbelsäule

Beim Betrachten des Videos am nächsten Tag sehen die beiden Geisterjägerinnen in dem Moment, als sie die Stimmen der Jugendlichen aus dem Innenhof der Burg hören, im Torbogen eine helle Krümmung im Bild. Es sieht aus wie eine Wirbelsäule, umgeben von weißem Licht.

Der Mann mit der weißen Perücke taucht jedoch nicht auf dem Film auf und Tina ist sich bis heute nicht sicher, ob sie ihn wirklich gesehen oder ihr vielleicht doch nur die Fantasie einen Streich gespielt hat.

WIE ES WEITERGING

Uschi und Tina lernten schnell:
- nicht mehr bei jedem Rascheln zusammenzuzucken (Auseinandersetzung mit den Geräuschen, die Tiere bei Nacht erzeugen),
- bei kugelförmigen Erscheinungen auf Bildern nicht automatisch anzunehmen, dass es sich um Orbs (Energiebälle) handelt (Auseinandersetzung mit physikalischen Gegebenheiten wie der Wirkung von Staub oder Pollen, gepaart mit Luftfeuchtigkeit, auf eine Kameralinse),
- nicht laut aufzuschreien, wenn plötzlich ein hektisch flatterndes Ding vor dem am Sucher befindlichen Auge herumschwirrt (Auseinandersetzung mit der Vorliebe von Nachtfaltern, blindlings irgendwo dagegenzutorkeln),
- nicht zu glauben, man hätte Elfen mit wunderschön transparenten Flügeln fotografiert, obwohl nur eine hungrige Gelse auf einen zugeflogen ist (Auseinandersetzung mit den technischen Raffinessen einer Kamera mit Nightshot),
- zu akzeptieren, dass bei den meisten Einsätzen einfach nichts, aber auch gar nichts Aufregendes passiert (Auseinandersetzung mit der Enttäuschung vor Ort und hinterher noch einmal bei der Auswertung des gesammelten Materials).

Doch die beiden Frauen hatten Blut geleckt, sie waren süchtig nach dem Adrenalin, das in Strömen durch ihre Körper floss, wenn sie sich auf Expedition begaben.

Aus den anfänglich experimentellen Unternehmungen wurde im Lauf der Zeit eine immer professionellere Arbeit, und so beschlossen Uschi und Tina erstens das Team zu verstärken und sich zweitens mehr und bessere Geräte zuzulegen.

Uschi fragte ihren technisch versierten Jugendfreund Ernst, ob er Lust hätte, mit ihnen auf Geisterjagd zu gehen. Er hatte! Sie recherchierten im Internet auf den Seiten ausländischer Ghosthunters, mit welchem Equipment diese ausgerüstet waren, legten sich ein EMF-Messgerät und weitere Kameras zu und gründeten den Verein API.

Im weiteren Verlauf entstand die Website der Austria Paranormal Investigators, auf der die noch kleine Gruppe erste Erfahrungsberichte und Videos veröffentlichte, die ihre Arbeit dokumentierten.

Es häuften sich die Einsätze, das Team erweiterte sich um Günther, Birgit und Melanie und die Ausrüstung wurde aufgestockt.

Mittlerweile besitzt jedes Vereinsmitglied einen eigenen Camcorder mit Nightshot-Funktion und ein digitales Diktafon, es gibt unter anderem verschiedene EMFs, Infrarot-Zusatzstrahler zum Ausleuchten größerer Distanzen, Infrarot-Temperaturmesser (Punktmessgeräte), einen mobilen Stromgenerator und vier Infrarot-Überwachungskameras, die direkt über Laptop aufnehmen. Auch ein Kompass und eine Wünschelrute sind immer mit dabei. Aus dem kleinen Rucksack, den Uschi und Tina anfänglich mit auf Tour nahmen, sind in der Zwischenzeit zehn Koffer geworden, die bei Einsätzen im In- und Ausland gepackt werden müssen.

Und damit kommen wir bereits zur ersten großen Herausforderung unserer Geisterjäger: eine Nacht, eingeschlossen im Schloss Porcia in Spittal an der Drau (Kärnten), allein mit der Blutgräfin Salamanca, die aus Geldgier ihre Zofe mit einem Schuh erschlagen und im Keller verscharrt haben soll.

DIE UNTERSUCHUNGEN SCHLOSS PORCIA
(Kärnten)

Zur Geschichte von Schloss Porcia

Zu den schönsten und bedeutendsten Renaissancebauten nördlich der Alpen zählt Schloss Porcia im Zentrum von Spittal an der Drau. Das architektonische Baudenkmal diente im 16. Jahrhundert zahlreichen Geschlechtern als Residenz.

Am 10. März 1524 erwarb Gabriel von Salamanca, ein aus Spanien stammender Abkömmling eines reichen Handelshauses, die Grafschaft Ortenburg mit den dazugehörigen Besitzungen. Zuvor arbeitete Salamanca für die Staatskanzlei Kaiser Maximilians I., 1521 wurde er zum Finanzminister Erzherzog Ferdinands ernannt, der damals über die österreichischen Erblande, Böhmen und Ungarn herrschte.

1533 beauftragte er italienische Baumeister mit der Planung und dem Bau eines neuen Herrschaftssitzes im nahen Marktflecken Spittal, den er anstelle der Ortenburg, die er von Kaiser Karl V. erhalten hatte, beziehen wollte. Dazu kam es aber nie, da das Prunkschloss Porcia, dessen Entwurf vermutlich von einem oberitalienischen Architekten aus dem Gebiet um den Comosee stammt, erst fast 70 Jahre später fertiggestellt wurde; Salamanca verstarb jedoch bereits im Jahr 1539. Auch das Renaissance-Palais Porcia in Wien (1. Bezirk, Herrengasse, 1538 in Auftrag gegeben, 1546 fertiggestellt) wurde auf Salamancas Weisung hin errichtet.

Im Lauf der Zeit wechselte die Grafschaft Ortenburg mit ihrem Schloss mehrmals die Besitzer, unter anderem residierten dort von 1662 bis 1918 die Fürsten von Porcia (die gleichnamige Stadt ist heute die Partnergemeinde von Spittal an der Drau), eine italienische Adelsfamilie aus der Provinz Pordenone, die dem Prunkbau auch seinen Namen gab, ungeachtet dessen, dass dieser vom spanischen Geschlecht der Salamanca-Ortenburg erbaut worden war.

Die Fürsten von Porcia verkauften das Schloss an den Baron Klinger von Klingerstorff, der aber aus Geldmangel Teile des Inventars veräußerte, 1930 den Schlosspark und rund 20 Jahre später auch das Gebäude an die Stadt abtrat.

Schloss Porcia beherbergt heute ein Museum für Volkskultur, die »Galerie im Schloss Porcia«, eine Bühne für Theateraufführungen und Konzerte sowie ein Café. Jährlich finden dort Veranstaltungen wie der »Internationale Chorwettbewerb« und die »Komödienspiele Porcia« statt; und alle zwei Jahre gibt es zu Ehren des Erbauers und ersten Schlossherrn in Spittal an der Drau das »Salamancafest«.

Interessant zu erwähnen ist vielleicht auch noch, dass im August 2007 die Gebeine von 15 Mitgliedern der Fürstenfamilie Porcia aus dem 17. und 18. Jahrhundert wiedergefunden wurden – sie lagerten rund 20 Jahre lang unbeachtet in Bananenschachteln im Stadtarchiv. Die Skelette waren einige Jahre zuvor im Zuge des Umbaus der Kirche aus ihrer Gruft geholt und dann vergessen worden, konnten aber dank sorgfältiger Beschriftung wieder richtig zugeordnet werden. Im November 2007 wurden sie in einer Ehrengruft in der Kapelle am Stadtfriedhof beigesetzt.

Doch jetzt kommen wir endlich zur brutalen Gräfin Salamanca, denn allein ihretwegen haben sich unsere Geisterjäger auf den Weg nach Kärnten gemacht.

Die Legende von der Blutgräfin Salamanca

Ein Nachfahre Gabriels von Salamanca, Graf Georg, war mit einer habgierigen und stolzen Frau verheiratet, sie trug den Namen Katharina. Während der Herr des Hauses sich aufgrund seiner Gutmütigkeit und Milde gegenüber seinen Untertanen großer Beliebtheit erfreute, soll seine Gemahlin herrschsüchtig und hartherzig gewesen sein. Der einzige Mensch, den sie aufrichtig zu lieben schien, war ihr einziger Sohn Johann, den sie verwöhnte und umhätschelte, während das Volk ihre Härte und Unnachgiebigkeit zu spüren bekam.

Eines schönen Tages veranstaltete der Graf in seinem Schloss ein Fest zu Ehren seiner tapferen Ritter, es wurden nur die besten Speisen und Getränke serviert, viel getanzt und viel gelacht. Durch den Lärm angelockt, versammelte sich die arme Bevölkerung von Spittal an der Drau im Burghof und bat die Gräfin um die Abfälle des Gastmahls. Doch Katharina lachte nur hämisch und befahl den Leuten, den Hof auf der Stelle zu verlassen. Um ihren Worten Nachdruck zu verleihen, hetzte die Gräfin die Hunde ihres Sohnes in die flüchtende Menge. Entsetzt stoben die Menschen auseinander, um den Bestien zu entkommen, nur einer hatte nicht mehr genug Kraft für die Flucht: der alte Mesner des Marktes. Während die bissigen Doggen über den Mann herfielen und er unter schrecklichen Schmerzen sein Leben aushauchte, rief er Katharina von Salamanca zu: »So wie ich jetzt sterbe, wird auch Johann, Euer Sohn, enden!«

Einige Zeit nach diesem Ereignis drang die Kunde ins Schloss, dass sich in Villach spanische Reiter aufhielten, die sich auf dem Weg nach Wien befanden. Johann von Salamanca fasste den Entschluss, nach Villach zu reiten, um seine Landsleute zu begrüßen. Katharina bat ihren Sohn, von diesem Vorhaben abzulassen, da sie in ihren Träumen böse Vorahnungen gehabt hatte, doch Johann widersetzte sich, ließ seine Rappen satteln und begab sich in Begleitung seiner Hunde nach Villach.

Dort angekommen traf er auf den Sohn jenes Mesners aus Spittal, der durch Johanns Doggen zu Tode gekommen war. Der junge Reiter stand schon längere Zeit in spanischen Diensten und wollte wissen, wie es seinem alten Vater ging. Johann verschwieg das furchtbare Geschehen und berichtete dem jungen Mann, dass alles in bester Ordnung sei. Dieser freute sich über die gute Nachricht und schenkte Johann von Salamanca zwei Hunde von edler Rasse. Doch als der junge Graf sich die wertvollen Tiere besah und sie streichelte, stürzten sich seine eifersüchtigen Doggen zähnefletschend auf die Rivalen. Als Johann die kämpfenden Tiere mit seiner Peitsche trennen wollte, wurden diese so wütend, dass alle gemeinsam den jungen Grafen ansprangen und ihn zu Boden rissen. Noch ehe man ihm helfen konnte, war sein Leben zu Ende.

Gräfin Katharina von Salamanca konnte den Verlust ihres einzigen Sohnes kaum verwinden, und bald darauf verlor sie auch noch ihren Mann, der bei der Nachricht vom Tod seines Erben einen Schlaganfall erlitten hatte. Doch anstatt demütiger und friedlicher zu werden, herrschte die einsame Gräfin noch grausamer als zuvor. Sie entließ die gesamte Dienerschaft bis auf eine einzige Zofe und wandte ihre gesamte Aufmerksamkeit den Schätzen zu, die im Schloss angehäuft waren. Bald schien die Gräfin nur noch von dem Gedanken besessen zu sein, ihren Reichtum in Sicherheit zu bringen, da sie um nichts in der Welt zulassen wollte, dass, nachdem es ja keinen Erben mehr gab, das Vermögen in fremde Hände fiel. Katharina befahl durch ihre Zofe einen Handwerker in das Schloss, der den Auftrag bekam, ihren gesamten Schmuck und das ganze Gold in einem finstern Kellergewölbe einzumauern, damit niemals ein Mensch ihren Schatz finden konnte. Sowohl der Maurer als auch die Zofe mussten vorher einen heiligen Eid schwören, niemandem zu verraten, wo sich das Versteck befand. Doch die Gräfin traute keinem Menschen über den Weg und so stieß sie den Handwerker mithilfe ihrer Dienerin nach getaner Arbeit in das Burgverlies hinunter, wo er verstarb. Nun musste noch die letzte Zeugin beseitigt werden und so schlich Katharina von Salamanca eines Nachts, als die Zofe tief und fest schlief, in deren Kammer und schlug ihr mit dem Absatz eines Pantoffels so heftig auf den Kopf, dass diese nie wieder erwachte, und vergrub sie anschließend im Keller.

Einer der Fürsten von Porcia ließ ein Gemälde anfertigen, das die Gräfin in schwarzem Gewand, in einer Hand den Schlüsselbund, in der andern den verhängnisvollen Pantoffel, zeigt. Das Bild hängt heute in einem Gang des Schlosses.

Nach diesem Doppelmord quälte die Gräfin jedoch ihr Gewissen, sodass sie Tag und Nacht ruhelos durch die einsamen finsteren Säle und Gänge des Schlosses irrte, bis sie eines Tages tot darin aufgefunden wurde. Bis heute soll die unbarmherzige Katharina von Salamanca keine Ruhe finden, immer wieder ihrer Gruft in der Schlosskapelle entsteigen und als Geist durch das Spittaler Schloss wandeln.

Es existieren Berichte, denen zufolge einige Bewohner des Schlosses diesem Gespenst mehrmals begegnet sein sollen, und angeblich sind immer wieder Schritte zu vernehmen, auch wenn sich keine weitere Person im Gebäude aufhält.

Die Geisterjagd: Auf den Spuren der »Patschentante«

Nach eingehenden Recherchen und aufgrund einiger handfester Hinweise auf paranormale Geschehnisse beschließen die Geisterjäger nach Kärnten zu fahren, um Schloss Porcia in Spittal an der Drau einmal genauer unter die Lupe zu nehmen.

Uschi erinnert sich: »Ich habe mich sehr gewundert, dass ich innerhalb von fünf Minuten eine Zusage erhielt, nachdem ich meine Anfrage an die Direktion des Schlosses gerichtet hatte. So schnell hat noch niemand auf meine manchen Leuten doch seltsam erscheinende Bitte reagiert, mich und mein Team eine Nacht im Gebäude einzusperren, damit wir eventuell vorhandene Geister aufspüren können.«

Bei Temperaturen um den Gefrierpunkt reist das API-Team, bestehend aus Günther, Ernst, Tina und Uschi, am späten Nachmittag eines trüben Dezembertags im Jahr 2006 an, um sich als Erstes mit dem Direktor von Porcia, Hartmut Prasch, danach mit dem Hausmeister Werner Brunner zu treffen.

Ein wenig enttäuscht von dem »harmlosen« Flair des Schlosses beginnen API mit ihren Interviews und erfahren, dass alle Angestellten des Schlosses fest davon überzeugt sind, dass es im Haus spukt. Aus Respekt grüßen sie am Morgen und verabschieden sich am Abend von dem Geist der Gräfin Salamanca.

Der Hausmeister erzählt, dass regelmäßig verdächtige Geräusche wie das Hinunterdrücken von Türklinken oder Schritte vernommen werden, Lüster sollen hin und her schwingen und etwas Kühles scheint immer wieder an den Menschen vorbeizuhuschen. Sogar der Alarm wurde einmal ausgelöst. Doch als die Polizei das Schloss durchkämmte, war niemand anzutreffen, auch kein durchs Haus streunendes Tier. Trotzdem brannte am Dachboden Licht, obwohl der Hauptschalter aus war.

Beim Rundgang durch das Bauwerk mit seinen weitläufigen Sälen, das mit seiner Fassade, dem Innenhof mit seiner Säulenarchitektur und den dreigeschossigen Arkaden mehr einem italienischen Palazzo als einem Schloss ähnelt, macht sich das Team mit den Räumlichkeiten vertraut und schießt Fotos. Keller- und Erdgeschoss wurden und werden als Lager- und Wirtschaftsräume genutzt, die Repräsentationsräume befinden sich im zweiten Stock, in dem auch das neu adaptierte Museum für Volkskultur untergebracht ist. Obwohl beim großen Brand von Spittal im Jahr 1797 vieles zerstört wurde, wird in den prunkvollen Räumen die Vergangenheit lebendig. Besonders das Fürstenzimmer, der Barraum, ein Kinderzimmer im ersten Stock und ein Teil des Kellers, in dem die Gräfin Salamanca ihre Zofe verscharrt haben soll, stellen sich als besonders für die Geisterjagd geeignet heraus. Des Weiteren gibt es im Schloss noch ein Turmzimmer, den Wappensaal und den Ahnensaal.

Uschi erzählt: »Im Fürstenzimmer hängt ein lebensgroßes Bild von der Blutgräfin Salamanca. Ich dachte, ich brech zusammen, so hässlich wie die ist. Die Frau soll dort mit 33 Jahren dargestellt sein, sieht aber aus wie 75. Also vor diesem Prachtstück mussten wir auf jeden Fall eine Kamera platzieren. Eine weitere sollte in den Flur zwischen dem Arkaden- und seinem Parallelgang, wo sich noch ein Bild von der ›Patschtentante‹ befindet, auf dem sie allerdings auch nicht hübscher ist. Auf dem Gemälde im Fürstenzimmer steht sie mit erhobenem Arm auf dem Arkadengang und zeigt auf die Stufen zum Dachboden, mit ihr abgebildet sind ein panisch wirkender Mann und eine Katze mit schreckensgeweiteten Augen. Bis heute weiß keiner, was diese Szene zu bedeuten hat. Auf dem anderen Bild steht die Gräfin mit triumphierendem Blick und dem Schlapfen, mit dem sie ihre Zofe erschlagen haben soll, da und schaut böse. Zum Fürchten, wirklich.«

Herr Brunner schildert sein Erlebnis mit einem der Bilder: »Einmal, als ich Tische transportieren musste und durchs Schloss schleppte, nutzte ich den Zwischenflur, in dem das Bild mit dem Patschen hängt, um einige Möbel dort abzustellen. Und dann, als ich zufällig einen Blick auf das Gemälde geworfen habe, ich schwöre, war die Salamanca plötzlich nicht mehr drauf. Ich bin wirklich nicht betrunken gewesen zu diesem Zeitpunkt. Danach schon, denn ich hab alles stehen und liegen gelassen und bin in das nächste Beisl gegangen.«

Weitere Kameras werden aufgestellt, eine kommt in den Barraum, in dem von oben oft Geräusche wie das Hin- und Herschieben von Möbelstücken zu hören sind. Die nächste wird im Arkadengang platziert, auf dem man die Gräfin regelmäßig pünktlich um sieben Uhr morgens gehen hört, eine andere kommt ins Kinderzimmer, wo sich angeblich zwei Puppenwagen immer wieder von allein verrücken (API markieren den Standort mit Kreide, um nach dem Einsatz kontrollieren zu können, ob die Wagen verschoben worden sind). Es folgen Kameras im Keller, in einem der Seminarräume und die letzte in einem Büro (wo sich früher die Kapelle befand), auf das man die Gräfin auch des Öfteren zukommen hörte. Auch Diktafone, eingestellt auf »high sensitive«, werden überall verteilt.

In der Zwischenzeit ist es 23.00 Uhr geworden, der Hausmeister verlässt das Schloss und sperrt das Team ein, nicht ohne seine Handynummer zu hinterlassen und mit ein wenig Mitleid in der Stimme zu betonen, dass man ihn jederzeit anrufen könne. API marschieren zu zweit noch einmal durch die Räume und schießen Fotos in die Dunkelheit. Danach treffen sie sich im Hauptquartier, einem Zimmer neben dem Aufzug (der angeblich oft unmotiviert von allein losfährt bzw. in Stockwerken hält, die nicht gewählt wurden), und besprechen die Aufteilung der Mitglieder. Günther will in den Gang zum Bild, entscheidet sich aber spontan anders, als Ernst meint: »Du schläfst sicher wieder ein und wirst dann mit einem Patschenabdruck im Gesicht aufwachen.« Er wird ins Fürstenzimmer gesetzt und gebeten, wach zu bleiben. Uschi beschließt, statt Günther die Herausforderung bei dem anderen Salamanca-Gemälde anzunehmen, Ernst geht in den Keller, Tina ins Kinderzimmer.

Zuerst werden EMF-Messungen gemacht, danach Standardfragen wie »Wer ist hier?«, »Wie ist dein Name?« oder »Möchtest du uns etwas mitteilen?« mit Diktafon aufgenommen, dann wird gewartet und beobachtet.

Uschi erinnert sich: »Mich hat es ganz schön gegruselt bei dem hässlichen Gesicht und ich hatte ein wenig Sorge, ob die Gräfin eh brav im Bild bleibt.«

Jeder der Geisterjäger setzt sich direkt in die Kamera, erstens um später Irrtümer in Bezug auf Spiegelungen der eigenen Person ausschließen zu können, zweitens weil Geisterwesen sich gern in der Nähe von Menschen aufhalten sollen, um deren Energien zu nutzen.

Eineinhalb Stunden später treffen sich die Teammitglieder wieder im Hauptquartier und stellen verwundert fest, dass erstens der Aufzug im Stock steht, obwohl er vorher nicht dort gewesen ist, zweitens die Tür des Zimmers offen steht, obwohl Uschi diese vor der Aufteilung als Letzte geschlossen hat.

Die nächste Besprechung um drei Uhr früh ist kurz, da niemand etwas gesehen, gehört oder gespürt hat. Dann werden die Bänder der Kameras gewechselt und die Mitglieder neu aufgeteilt – Tina übernimmt den Büroraum, Günther den Seminarraum, Ernst das Fürstenzimmer und Uschi den Barraum.

Zwei Stunden später treffen sich wieder alle im Hauptquartier, dessen Tür schon wieder offen steht, obwohl Uschi und Tina vorher darauf geachtet haben, sie zuzumachen. Sie besprechen sich erneut, um festzustellen, dass niemandem etwas Besonderes aufgefallen ist, und sie kontrollieren, ob die Kinderwägen verschoben sind, doch sie stehen am selben Platz wie vorher.

Um sechs Uhr beginnt die Crew zusammenzupacken, um acht Uhr wird der Hausmeister verständigt, dass man zur Abreise bereit stehe. Herr Brunner zeigt sich enttäuscht, als ihm Uschi von den Geschehnissen der Nacht berichtet, nämlich, dass absolut nichts passiert sei. Eine Stunde später machen sich API auf die Heimreise.

Die Auswertung: Eine schwebende Salamanca

Zu Hause angekommen werden die Unmengen an Fotos gesichtet.

»Das ist eine wirklich mühsame Arbeit, weil man einfach ganz genau schauen muss, ob man nicht doch etwas, das auf den ersten Blick nicht zu erkennen ist, sieht. Meist schießen wir an die 1000 Fotos, doch mehr als 100 am Stück schaffe ich nicht durchzuarbeiten«, erzählt Uschi.

Und das Ergebnis kann sich sehen lassen: Es taucht ein Bild auf, in dem klar und deutlich die Gräfin Salamanca zu sehen ist, und zwar im Fürstenzimmer über dem dort stehenden Günther schwebend.

Das skeptische Teamoberhaupt Uschi überlegt nun, ob es sich um eine Spiegelung des im Zimmer befindlichen Bildes handeln kann, und vergleicht die Position der schwebenden Gräfin mit der Darstellung auf dem Gemälde. Dabei stellt sich heraus, dass die über Günther befindliche Gestalt nicht spiegelverkehrt zu sehen ist, was ja der Fall sein müsste, außerdem stimmt die Haltung nicht überein. Auf dem Bild ist Salamancas Arm, der zu den Stufen zum Dachboden zeigt, viel höher nach oben gestreckt als auf dem Foto. Um jedoch jeden Irrtum auszuschließen, vereinbart Uschi einen neuen Termin im Schloss. »Das muss ich mir noch einmal anschauen, bevor ich glaube, dass da wirklich ein Geist im Raum hängt.«

Doch vorerst geht es weiter mit der Auswertung der Diktafon-Aufnahmen und der Videos.

EVPs gibt es keine, geplaudert hat sie also nicht, die Gräfin (allerdings, heißt es abseits der Legende, soll Salamanca eine sehr stille Frau gewesen sein – kein Wunder also).

Aber eines der Diktafone hat andere Geräusche aufgenommen, und zwar im Seminarraum, während Günther dort tief und fest geschlafen hat. In dem Zimmer befinden sich zwei Türen, die eine verschlossen, die andere, unter deren Türstock die Kamera platziert war, offen. Im Bild ist die verschlossene Türe deutlich zu sehen, außerdem der in sich zusammengesunkene Günther. Während der Film läuft, sieht man keinerlei Bewegung, außer die des immer wieder leicht die Position verändernden Teammitglieds, das offensichtlich von keinerlei Albträumen geplagt friedlich vor sich hin döste. Und dann sind plötzlich Schritte zu hören, laut und hallend, es wird eine Klinke hinuntergedrückt, dann ertönt ein Geräusch wie das Hinstellen eines Tonkrugs, dann sind erneut Schritte und das Zuknallen einer Tür zu hören.

»Ich hab Günther gefragt, ob er nichts gehört hat, so laut wie das war, aber er hat offensichtlich wirklich einen tiefen Schlaf«, lacht Uschi.

Die Ergebnisse werden an Direktor Prasch weitergeleitet, der sich nicht sonderlich erstaunt zeigt und mit einer Folgeuntersuchung, die sich API wünschen, einverstanden ist.

Die zweite Untersuchung und die Ergebnisse

Uschi, Tina, Ernst und Günther machen sich am Karsamstag des Jahres 2007 erneut auf den Weg nach Kärnten, um Schloss Porcia einen weiteren Besuch abzustatten.

Sie wiederholen dieselbe Prozedur wie im Dezember: Aufstellen der Geräte, Fotos, Besprechungen, wer sich wo aufhalten wird, und abwechselnde Aufteilung der Teammitglieder. Uschi überprüft außerdem, was es mit dem Foto, auf dem die Blutgräfin über Günther schwebt, auf sich hat, und kann eine Spiegelung ausschließen.

Am Morgen des nächsten Tages, während die vier auf den Hausmeister warten, hört Uschi Schritte auf dem Arkadengang. Sie sieht auf die Uhr – es ist punkt sieben, also genau die Zeit, zu der Bedienstete des Schlosses dort bereits mehrmals Schritte vernommen haben.

Die Auswertung der Bilder und Audioaufnahmen dieser Nacht auf Schloss Porcia ergibt keinerlei Außergewöhnlichkeiten.

Als allerdings im November desselben Jahres die Gebeine der 15 Mitglieder der Fürstenfamilie Porcia beerdigt werden, wollen es

API noch einmal wissen und verständigen den Schlossdirektor von ihrem Kommen.

Das dritte Mal mit Biggi und Melanie, und was geschah

Bei der dritten Untersuchung sollen auch Biggi und ihre Tochter Melanie dabei sein. Mit einem in der Zwischenzeit aufgestockten Equipment und neuer Hoffnung machen sich API im Dezember 2007 noch einmal auf den Weg nach Spittal an der Drau. Biggi und Melanie sind bereits vor Ort, als Uschi und Co. ankommen, und berichten von vorbeihuschenden Energien, die Biggi als von kleinen Kindern stammend definiert.

Eilig macht sich das Team an die Arbeit, baut die Kameras auf, die dieses Mal direkt auf Laptops aufnehmen, bringt neu erworbene Thermofühler an und startet sein Programm. Dieses Mal wird auch auf dem Dachboden gefilmt, von dem Biggi meint, dass hier ein Kinderzimmer gewesen sein muss, da sie und ihre Tochter den Eindruck haben, dass Kinder dort spielen und immer wieder übermütig an ihnen vorbeilaufen. Von der Gräfin sei allerdings weit und breit nichts zu sehen oder zu spüren.

Eine weitere Kamera kommt wie gehabt ins Fürstenzimmer, eine andere auf Biggis Anraten hin dieses Mal auch in den Vorführsaal.

Im Fürstenzimmer stellt sich Biggi vor das Salamanca-Gemälde und teilt den anderen mit, dass eine Eiseskälte davon ausgehe. Sie streckt ihre Hand vorsichtig aus und plötzlich beginnt das Bild sich zu bewegen, es vibriert so stark, dass auch die anderen diese Schwingung spüren.

»Ich hab das dann auch probiert, aber bei mir hat sich natürlich nichts getan. Eh klar!«, berichtet Uschi lachend.

Doch auch bei Biggi funktioniert es kein zweites Mal, auch die Kälte ist verschwunden.

Der Rest der Nacht verläuft ereignislos, am Morgen reist das Team mit 70 Stunden Bild- und Tonmaterial im Koffer ab.

Bei der Sichtung der Fotos und Bänder finden API sensationelle

Aufnahmen. Auf einem der Videos, das auf dem Dachboden gedreht wurde, erkennt man ganz deutlich, dass jemand oder etwas die Kamera verschoben hat – das Gerät rückt merkbar um einige Zentimeter nach rechts. Auf einem anderen sieht man zwei vorbeihuschende weiße Punkte, in denen Biggi Kinder wahrnimmt. Diese erkennt man dann klar und deutlich auf einem der Filme, die im Vorführraum gedreht wurden, es handelt sich um ein etwa 13-jähriges Mädchen und einen kleineren, etwa fünf Jahre alten Jungen. Die beiden stehen zwischen den Sitzreihen, auf die die Kamera gerichtet war. Biggi vermutet, dass es sich nicht um adelige Kinder, sondern um die Sprösslinge von Dienstboten handelt.

Beim Durchsehen der Fotos findet sich eine Aufnahme von einem dicken Mann mit Halskrause.

Alles in allem haben die Geisterjäger bei ihrer dritten Untersuchung reichlich Beute gemacht.

Die Bilder gingen, veranlasst von Direktor Prasch, auch durch die Medien und lösten einen wahren Presse- und Touristenrummel auf Schloss Porcia aus.

Die Gräfin hat sich allerdings nur das eine Mal mit Günther ablichten lassen, sie scheint entweder schüchtern zu sein oder sich nicht für foto- bzw. telegen zu halten.

»Kein Wunder, so wie die aussieht«, zeigt sich Uschi verständnisvoll. »Wir können trotzdem zufrieden mit unserer Arbeit und den Ergebnissen sein, auch ohne weitere Aufnahmen von einer spukenden Salamanca!«

BURG RAPPOTTENSTEIN
(Niederösterreich)

Zur Geschichte von Burg Rappottenstein

Die Burg Rappottenstein, als eine der besterhaltenen Anlagen im nordwestlichen Waldviertel am Flusslauf des Kamp auf einem Felskegel gelegen, wurde zwischen 1157 und 1176 von Rapoto von Kuenring errichtet. Sie ist die mächtigste in einer Reihe von Festungen und diente einerseits zur Sicherung des Besitzes der Kuenringer, der nach den babenbergischen Herzögen einflussreichsten Familie im Land; sie sollte vor Einfällen der Böhmen schützen und damit der Babenbergermark Flankenschutz gewähren. Außerdem schützte sie den historischen »Pehamsteig« (Verbindungsweg von der Donau durch den Nordwald ins Böhmenreich).

Rappottenstein ist eine von wenigen mittelalterlichen Wehranlagen, die nie erobert und daher nie zerstört wurden. Doch aufgrund des Bestrebens der jeweiligen Burgherren, ihren Wohnsitz den jeweiligen Bedürfnissen anzupassen, wurde die Festung im Lauf der Jahrhunderte ständig vergrößert und umgebaut und weist daher Bauelemente aus drei Epochen auf.

Aus der Zeit der Kuenringer im Hochmittelalter (Romantik) stammt der südliche Teil der Hochburg, deren wuchtige, fensterlose Mauern den ursprünglichen Wehrbau bildeten.

Zwischen dem Hauptturm der Burg und dem keilförmigen Torturm, der einst das Gemäuer überragte und den Zugang in die Hochburg sperrte, erstrecken sich die aus der zweiten Hälfte des 12. Jahrhunderts stammenden Gebäude, die einen kleinen Burghof umschließen.

Von der Zeit nach dem Sturz der Kuenringer im Jahr 1278 (sie hatten sich mit König Ottokar von Böhmen gegen Rudolf von Habsburg verbündet und wurden verbannt) bis zum Jahr 1305, als die Burg in den Besitz der Herren von Dachsberg überging, existieren keine Aufzeichnungen über die Eigentümer von Rappottenstein.

Die Dachsberger schufen im Spätmittelalter (Gotik) 1378 die zweigeschossige Kapelle oberhalb der Torhalle, der Flügelalter stammt aus dem 15. Jahrhundert. Teile des Osttrakts, darunter die

Knappenhalle, die Burgküche im Norden und das Archivzimmer sowie das spitzbogige Tor zum ersten Hof, das früher mittels einer Zugbrücke gesichert war, entstanden in diesem Zeitraum.

1423 übernahm die mit den Dachsbergern verschwägerte Familie Starhemberg die Festung. Sie baute die spätgotische Halle und die Burgküche.

1546 lösten die Herren von Landau die Starhemberger ab. Sie trugen wesentlich zum heutigen Aussehen der Burg bei. Unter ihnen entstand der erste Hof mit dem heutigen Burgtor und dem an der Nordwestseite gelegenen Brauhaus, dessen Renaissancemerkmale auf die Bauzeit hinweisen. Aus dem 15. bzw. 16. Jahrhundert stammen außerdem die Arkadengänge im Westtrakt und die beiden Rundtürme beim Eingangstor, die als Rarität einen doppelten Wehrerker aufweisen. Im Norden der Burg, durch den Rittergarten zu erreichen, liegt der Uhrturm aus dem 16. Jahrhundert, der ein Zifferblatt mit nur einem Stundenzeiger aufweist und dessen Gewichte täglich aufgezogen werden müssen.

Neben den zahlreichen baulichen Maßnahmen musste die Festung auch einigen Belagerungen Widerstand leisten, und sie tat dies erfolgreich. Weder die rund 3000 aufständischen Bauern im Jahr 1597 (angeblich hatte sich das Gerücht verbreitet, dass die kaiserlichen Reiter die Bauern aus Rappottenstein und den umliegenden Orten misshandelten und ihnen Ohren und Nasen abschnitten; außerdem, und das gilt als sicher, verlangten sie eine Minderung der hohen Steuerlast) noch die katholische Truppen 1619 und auch nicht die Schweden 1645 (als Verbündete der Protestanten) waren in der Lage, sie zu erobern.

Im Jahr 1664 kaufte Ernst Reichsgraf von Abensperg und Traun Rappottenstein, seit diesem Zeitpunkt ist die Burg mit dem dazugehörigen Gut bis zum heutigen Tag im ununterbrochenen Besitz der Familie.

1749 wurden die Mauern durch ein starkes Erdbeben schwer beschädigt und man überlegte, das Gebäude verfallen zu lassen, doch dann entschied man sich doch zur Renovierung.

Übrigens: Die 2005 ausgestrahlte Reality-TV-Show »Die Burg – Prominente im Kettenhemd« (ProSieben), moderiert von Sonya Kraus und Elton, wurde auf Burg Rappottenstein gedreht.

Die Sage vom Brudermord

Es existieren viele Legenden und Sagen rund um die Burg Rappottenstein: angefangen bei dem angeblich mit Blut angerührten Mörtel, der für den Bau der Mauern verwendet worden sein soll, über den Gefangenen, der im Hungerturm zwischen Schlangen und Ungeziefer umgekommen ist, bis hin zu dem von den Brüdern Hadmar und Heinrich von Kuenring aus der herzoglichen Schatzkammer aus Wien geraubten und auf der Burg versteckten Schatz.

Die bekannteste Geschichte ist jedoch jene des Brudermords auf Burg Rappottenstein.

Es wird erzählt, dass im Jahr 1683 ein elfjähriger Magyar, Graf Nikolaus Zrinyi, auf dem Weg nach Wien mit dem Auftrag zur Verteidigung der Stadt gegen die Türken bei der Familie des Grafen Traun auf Rappottenstein übernachtete. Noch bevor der Knabe zu Bett ging, kam die Rede auf den Spuk, der die Burg regelmäßig heimsuchte, den geisterhaften Zweikampf der längst verstorbenen, namentlich unbekannten Brüdern von Kuenring. Der Legende nach wollte der eine den anderen aus Eifersucht im Schlaf ermorden. Der Attackierte erwachte jedoch und griff nach seinem neben dem Bett lehnenden Schwert, um sich zu verteidigen. Im dunklen Schlafgemach begann ein erbitterter Kampf, der mit dem Tod beider Männer endete. Seit jener Zeit, so wurde dem Burschen erzählt, soll sich jede Nacht in einem der oberen unbewohnten Gemächer diese Szene wiederholen, man höre angeblich stundenlang laute, polternde Tritte, Schwerthiebe und wüstes Geschrei aus dem ehemaligen Schlafraum des Kuenringers.

Graf Nikolaus Zrinyi glaubte nicht an den Spuk und bat darum, in der Geisterkammer schlafen zu dürfen.

Am nächsten Tag erschien der Knabe nicht zum Frühstück, und

als man das Zimmer aufbrach, da niemand daraus antwortete, fand man den jungen Grafen steif und kalt in seinem Bett liegen, die Hand am Säbel, den Blick starr in die Mitte des Raums gerichtet. Nachdem er zu sich gekommen war, erhob er sich stumm und verschwand ohne ein Wort des Grußes.

Nach seinen Heldentaten in Wien, für die Zrinyi von Kaiser Karl VI. den Ritterschlag, ein Streitross und eine goldene Kette erhielt, wollte er seinen Freund, den Grafen Traun, besuchen, der sich in der Zwischenzeit auf Schloss Petronell zurückgezogen hatte, das auf den Trümmern des alten Carnuntum erbaut worden war.

Nach dem freudigen Wiedersehen führte Traun seinen Besucher durch das weitläufige Gebäude, als Zrinyi in einer Halle mit von Rappottenstein mitgebrachten Ahnentafeln und Familienbildern der Kuenringer plötzlich aufschrie.

Er stammelte: »Sie sind's! Diese beiden sind's, die ich kämpfen sah!« Somit kam ans Tageslicht, was lange Zeit unbekannt war, nämlich dass es sich bei den beiden feindlichen Brüdern um Albero und Hadmar Kuenring gehandelt hatte.

Die Geisterjagd: Ein Knall und die sieben Zwerge

API erreichen Burg Rappottenstein an einem eiskalten, aber klaren Abend im November des Jahres 2007. Mit von der Partie sind Uschi, Tina, Daniel (ist mittlerweile nicht mehr im Team) und Uschis 14-jähriger Stiefsohn Jake.

Die Managerin der Burg- und Forstverwaltung, Kornelia Führer, öffnet den Geisterjägern das Tor und gemeinsam beginnen sie mit dem Rundgang durch das Gemäuer. Im Lauf des Gesprächs erfahren die Geisterjäger, dass es oft passiert, dass sich Gäste auf der Burg nicht wohlfühlen, es sei auch schon vorgekommen, dass Besucher nach kurzem Aufenthalt wieder abgereist sind. Frau Führer selbst und auch die anderen Angestellten hätten nie etwas bemerkt, die Männer in der Forstverwaltung würden sich höchstens über die »hysterischen Gäste« lustig machen.

Gegen 23.00 Uhr verabschiedet sich die Burgverwalterin und übergibt dem Team den Generalschlüssel für das Gemäuer. Uschi, Tina, Daniel und Jake richten sich im Seminarraum ein und erklären es zum Hauptquartier, dann beginnen sie mit ihrer Arbeit. Uschi begibt sich im Schein ihrer Taschenlampe in das Verlies der Burg, das heute nur noch aus Erdreich besteht, und platziert dort eine Kamera. Dann marschiert sie in die einzige noch gut erhaltene Gemeinschaftszelle, eine kleine Höhle neben dem Gemäuer, um dort die Geräte aufzubauen. Uschi stellt eine Kamera in den Rundbogen, der den Eingang zu dem Raum darstellt, und ist gerade dabei, das Gerät mit dem Laptop zu verkabeln, als sie plötzlich einen lauten Knall hinter ihrem Rücken hört.

»Ich dachte, ich falle auf der Stelle tot um! Angst hatte ich keine, aber mir ist innerhalb einer Zehntelsekunde dermaßen der Schreck in alle Glieder gefahren, dass ich dachte, mein Herz hört auf zu schlagen. Erklärung gibt es für diesen Vorfall bis heute keine. Es hat sich außer mir niemand in dem Raum aufgehalten, von der Technik kann es nicht gewesen sein, weil noch nichts angesteckt war, und bitte, was kann in Erdlöchern, mehr gab's dort ja nicht, so laut knallen?«

Nachdem sich Uschi von dem Schock erholt hat, fährt sie mit ihrer Arbeit fort und bittet Tina über Walkie-Talkie um ein längeres Kabel und einen Sessel für den Laptop. Währenddessen bauen die beiden Männer Kameras im Brudermordzimmer, das heute der Putzfrau als Abstellkammerl dient, im Arkadengang und im Rittersaal auf.

Mittlerweile sind Uschi und Tina fertig, als sich Daniel bei ihnen meldet, es sei irgendetwas mit Jake los. Es ist 00.30 Uhr, als Uschi in das leichenblasse Gesicht ihres Stiefsohns blickt und ihn fragt, was denn passiert sei.

Jake berichtet verstört: »Ich bin draußen an der Burgmauer entlanggegangen, als ich an einer Eisentür vorbeikam.« »Meinst du die, die verschlossen ist?«, fragt Uschi nach. »Ja, genau die«, flüstert Jake, während seine Augen in Richtung besagter Tür wandern.

»Was ist damit?«, hakt Tina ungeduldig nach. »In dem Moment, als ich genau vor ihr stand«, fährt Uschis Stiefsohn aufgeregt fort, »hat sich innen jemand dagegengeschmissen, es hat total laut gepumpert.« Daniel schüttelt verwundert den Kopf. »Da kann doch niemand drin sein, bitte!« »Sicher nicht«, meint Tina, »aber sollen wir trotzdem mal nachschauen gehen?«

Und so marschieren Uschi und Tina, während Daniel bei dem verängstigten Jake bleibt, zu der Eisentür. Sie klopfen und rufen, bevor sie den Generalschlüssel ins Schloss stecken – er passt! Die beiden Frauen klettern eine steile Treppe nach unten und stehen plötzlich in einem großen Saal mit sieben gemachten Betten (inklusive frisch wirkendem Bettzeug). Sie werfen sich einen verwunderten Blick zu, bevor Uschi meint: »Das ist ja wie bei den sieben Zwergen!«

Kichernd erkunden die beiden den Keller und finden eine weitere Treppe, die nach oben in einen anderen Schlafraum führt. Auch dort stehen einige Betten, dieses Mal ohne Bettzeug. Verbindung zur Burg gibt es allerdings keine und so verlassen Tina und Uschi die unterirdischen Räume wieder und treten durch dieselbe Türe, durch die sie gekommen sind, ins Freie.

Sie kehren zu Daniel und Jake zurück und berichten von ihren Entdeckungen. Jake wird wieder blass, als er von den sieben Betten erfährt, doch er sagt kein Wort mehr. Während die Kameras bereits laufen, starten die vier neuerlich einen Rundgang durch die Burg. Dieses Mal bleiben sie zusammen, weil die Vorkommnisse auf alle ein wenig einschüchternd gewirkt haben, vor allem auf Daniel und Jake. Das Team durchstreift zwei Stunden lang das alte Gemäuer, führt EMF-Messungen ohne nennenswerte Ergebnisse durch, besichtigt die Waffenkammer und das Jagdzimmer mit Dutzenden von Trophäen an der Wand und gelangt schließlich über eine Treppe abwärts in den wunderschön begrünten Burghof. Während das Werk im Uhrturm ein lautes, klackerndes Geräusch über den Platz schickt, fotografiert Uschi ihre Freundin Tina, die sich gerade interessiert umsieht. Als sich Uschi das Bild gleich danach am Display der Kamera ansieht, ist sie erstaunt. Sie sieht eine Nebelschwade, die aussieht wie eine Frau mit gewelltem Haar, die zu schluchzen scheint und sich die Hand, zur Faust geballt, vor den Mund hält. Um Tina handelt es sich dabei nicht. Und Nebel ist weit und breit auch keiner zu sehen, die Nacht ist sternenklar.

Uschi stellt fest, dass die Burschen nicht mehr in der Nähe sind, außerdem ist es bitterkalt und auch schon früh am Morgen. Sie drängt ihre Freundin, in die Burg zurückzukehren, um Daniel und Jake zu suchen, doch Tina entdeckt noch eine Tür und so betreten die beiden eine kleine Werkstatt, die aussieht wie eine Tischlerei.

Sie schießen einige Fotos und laufen dann über den Hof zurück ins Gebäude, wo sie auf die beiden Burschen treffen, die nichts Außergewöhnliches zu berichten haben. Das Team baut die Geräte ab, deponiert den Generalschlüssel an der verabredeten Stelle und sagt Burg Rappottenstein Lebewohl.

Die Auswertung: Eine Tür, wo keine ist

Zu Hause angekommen beginnt wieder der anstrengende Teil der Untersuchung: die Materialsichtung.

Uschi und Tina halten sich gegenseitig auf dem Laufenden und stellen übereinstimmend fest, dass keine einzige EVP aufgenommen werden konnte – die Geister auf Burg Rappottenstein hatten den Geisterjägern offensichtlich nichts zu sagen.

Gezeigt haben sie sich dafür umso öfter, und das in recht verspielter Art und Weise.

Eines der Fotos, das im Innenhof der Hochburg geschossen wurde, zeigt klar und deutlich einen Mann mit schulterlangem Haar in mittelalterlicher Kleidung. Er ist von hinten, leicht seitlich, zu sehen, so als würde er sich gerade der Kamera zu- oder von ihr wegdrehen. Aufgenommen wurde das Bild von Uschis Stiefsohn Jake.

Bei dem zweiten Bild, das als großer Erfolg zu werten ist, handelt es sich um jenes, das Uschi von der verzweifelten Dame im Burghof gemacht hat, als sie Tina fotografierte.

Darüber hinaus konnten von dem Einsatz auf Burg Rappottenstein noch zwei äußerst interessante Videos ausgewertet werden: Das eine wurde im Brudermordzimmer aufgenommen, es zeigt, wie rechts im Raum eine Tür aufgeht, eine Gestalt mit großem Kopf dahinter hervorschaut, sich wieder zurückzieht und die Tür schließt. Die Szene dauert sechs bis sieben Sekunden, danach passiert eine Stunde lang gar nichts mehr. Das Verblüffende daran ist, dass in dem Zimmer keine zweite Öffnung existiert, im Türstock des einzigen Eingangs stand die Kamera, die in das Abstellkammerl – das Brudermordzimmer – filmte.

Die zweite Videosequenz zeigt Jake, wie er seine Stiefmutter im Verlies besuchte, während Uschi die Kameras aufbaute. Man sieht den Jungen, wie er seine Kamera zückt und fotografiert, während plötzlich wie aus dem Nichts eine in weißes Licht gehüllte Gestalt von links nach rechts hinter ihm vorbeiläuft.

Das Material wurde den Angestellten der Burg, Frau Führer und den Männern aus der Forstverwaltung, präsentiert. API ernteten Sprachlosigkeit und konnten sich während der Vorführung an den fassungslosen Gesichtern, vor allem denen der ungläubigen und spöttischen Männer, erfreuen.

Die Auswertung der Untersuchung in Burg Rappottenstein wurde auch an den Besitzer des Anwesens, Graf Traun, weitergeleitet. Dieser hat sich jedoch nie zu den Ergebnissen geäußert.

DAS HAUS DES LUFTWAFFENOFFIZIERS
(Rheinland-Pfalz, Deutschland)

Zur Geschichte des Luftwaffenstützpunkts Spangdahlem

Die Air Base Spangdahlem ist eine Einrichtung der US-Luftwaffe (US Air Force), der Stützpunkt liegt in der Eifel nahe der Verbandsgemeinde Speicher zwischen Bitburg, Trier und Wittich. Ihr Name ist von dem angrenzenden Ort Spangdahlem abgeleitet.

Auf der Basis ist das 52. Kampfgeschwader (52nd Fighter Wing) stationiert, es hat die Aufgabe, die Unterdrückung gegnerischer Luftabwehr sicherzustellen. Um diesem Auftrag gerecht zu werden, fliegen in Spangdahlem F16-C/D »Fighting Falcon« neuester Generation, außerdem sind dort A/OA-10A »Thunderbolt II« (auch »Warthog« genannt) mit dem Auftrag, Bodentruppen zu unterstützen, stationiert. Unter anderem war die AB Spangdahlem an den Einsätzen »Desert Storm« und »Desert Shield« im Irak 1991 und an »Allied Force« im Kosovo 1999 beteiligt.

Der Kommandeur der 52. FW ist Lee T. Wight, der das Amt am 3. Juni 2008 von Darryl L. Roberson übernahm. Auf der Basis arbeiten ungefähr 5000 Amerikaner plus 7000 Familienangehörige sowie 800 deutsche Angestellte. Es gibt über 500 Gebäude, eine Start- und Landebahn, eine Rollbahn (Taxiway) und etwa 90 Flugzeugbunker.

Der Geist jedoch, um den es in folgendem Bericht geht, lebt mit einem jungen, auf der Air Base beschäftigten Amerikaner im rund zehn Kilometer entfernten Niersbach. Und in diesem 750-Seelen-Ort beginnt auch unsere Geschichte.

Der Ami und sein deutscher Geist Jakob

Dabei verdanken es die Geisterjäger, in diesem speziellen Fall nur die Obfrau Uschi, einzig und allein einem Zufall, dass sie die Bekanntschaft mit dem rauchenden Jakob machten.

Eigentlich wollte Uschi nur ihren langjährigen Freund Georg (Name geändert) besuchen, der vorwiegend in den USA arbeitet, den Sommer allerdings bei seiner Familie in Deutschland verbringt.

Ende August 2008 fliegt die Geisterjägerin nach Frankfurt am Main, landet bei strahlendem Sonnenschein und Temperaturen um 30 Grad und steigt wenig später zu ihrem Bekannten ins Auto. Auf der Fahrt zum Haus seiner Eltern erzählt er von seinem Freund Rob (Name geändert), einem jungen US-Amerikaner, der in Niersbach wohnt und auf der Air Base Spangdahlem arbeitet. Rob hat sich ein Haus außerhalb des Luftwaffenstützpunkts gekauft und behauptet, dass es in seinem neuen Heim spuken würde. Drei Monate, bevor er einzog, war der deutsche Vorbesitzer, ein alter Mann namens Jakob, dort gestorben. Laut Rob mache sich der nun beinahe täglich bemerkbar, was den jungen Offizier, so Georg, immer mehr in Angst und Schrecken versetzt.

Die Geisterjägerin wird von ihrem Freund gebeten, sich noch in derselben Nacht Zeit zu nehmen und bei seinem Kumpel nach dem Rechten zu sehen. Neugierig auf Rob und seinen Geist stimmt Uschi zu.

Die Geisterjagd: Ein helles Licht und einige Stamperln Hochprozentiger

Gegen 20.00 Uhr wird Uschi von Rob bei Georg abgeholt und gemeinsam fahren die beiden zu Robs Haus, in dem er sich äußerst unwohl fühlt, wie er selbst bestätigt. Auf dem Weg dorthin schildert der junge Mann die Vorkommnisse in seinen vier Wänden.

»Meine Englischkenntnisse sind zwar recht gut, aber diese Aussprache war ein Wahnsinn. Ich musste mich zuerst einmal in den Dialekt einhören, hab am Anfang nur Bruchstücke verstanden und immer nur genickt«, lacht Uschi.

Nach mehrmaliger, geduldiger Nachfrage ist klar, was den Amerikaner so beunruhigt: »Er hat ständig Schritte im Gang gehört, die Wohnung war immer wieder voller Zigarettenqualm, obwohl Rob nicht raucht und auch niemand zu Besuch war, er hörte auch dauernd ein seltsamen Poltern, und einmal hat sich sogar seine Waschmaschine von allein eingeschaltet«, berichtet Uschi. »Ich hab mir noch gedacht, dass ich nicht unglücklich darüber wäre, wenn mir ein Geist meine Wäsche wäscht«, witzelt die Geisterjägerin.

Zuerst dachte Rob, dass Marder oder andere Tiere ihr Unwesen treiben würden, doch er konnte im ganzen Haus keinen Hinweis darauf finden.

Es dämmert bereits, als Rob und Uschi am Ort des Geschehens ankommen, die Luft ist drückend schwül. Schwitzend lädt Uschi ihre Geräte aus dem Auto und bringt sie mithilfe des Amerikaners in das Gebäude. Rob ist bereits etwas stiller als zuvor und behauptet, etwas zu hören. Eilig stellt die Geisterjägerin die Kameras auf, eine wird im Flur platziert, die andere im Wohnraum, die letzte filmt Richtung Küche.

Da es sich bei Niersbach um ein wirklich kleines Dorf handelt, dringen von draußen keinerlei Nebengeräusche ins Haus, keine Stimmen, keine Motorengeräusche, es ist beinahe beängstigend still, stellt die Wienerin fest.

»Das bin ich eigentlich nicht gewöhnt«, erklärt Uschi, »denn fast überall, wo wir Untersuchungen gemacht haben, hat man etwas gehört, es war zu dem Zeitpunkt ja auch erst 21.00 Uhr. Da scheinen dort schon alle im Bett zu sein.«

Es folgt die Befragung bei eingeschaltetem Diktafon, die zweisprachig erfolgen muss, da der alte Jakob vermutlich kein Englisch versteht, Rob wiederum der deutschen Sprache nicht mächtig ist.

Nach etwa zehn Minuten ist plötzlich ein lautes Klopfen zu hören, woraufhin Rob erbleicht. »Did you hear that?«, fragt Uschi sicherheitshalber nach, obwohl das Verhalten des jungen Amerikaners Bände spricht. Mit weit aufgerissenen Augen nickt er stumm, dann geht er zum Wandschrank und holt eine Flasche und zwei Gläser heraus. Er gießt Hochprozentigen ein, lässt sich auf einen Sessel fallen und bittet die Geisterjägerin, mit ihm zu trinken.

Uschi lauscht angestrengt, ob sie noch etwas hört, doch es bleibt ruhig. Nach zwei Gläsern Klarem ist immer noch nichts zu vernehmen, was Rob beinahe sauer werden lässt. Er beginnt zu schimpfen und verlangt, dass Jakob sich melden solle, jetzt, da eine »kompetente Person« anwesend sei, und nicht immer nur dann, wenn er allein im Haus sei.

Uschi tröstet den aufgebrachten Offizier und meint, dass man vielleicht erst bei der Auswertung etwas entdecken würde.

»Also hab ich begonnen die Geräte abzubauen, während sich Rob grantig noch ein Stamperl gönnte. Ich dachte mir dann noch, dass es mich nicht wundert, wenn der Junge Geister sieht, sollte er immer so harte Sachen trinken«, kichert Uschi.

Nachdem alle Kameras und Diktafone verstaut sind, beschließt Uschi vor dem Haus noch eine Zigarette zu rauchen. Im Gespräch erzählt Rob von dem »hounted house« seiner Großeltern in Indiana und von anderen »wahren« Spukfällen.

»In den USA scheint es wirklich an allen Ecken und Enden zu geistern«, stellt Uschi kopfschüttelnd fest, »also entweder gibt es dort wirklich mehr Paranormales oder die Amis sind sensitiver und sichtiger – oder einfach nur leichtgläubiger und hysterischer.«

Rob erklärt, dass das Haus gegenüber ebenfalls Jakob und seiner Frau Maria gehört hatte, es sei nie vermietet worden und stünde schon längere Zeit leer. Als die beiden auf die Eingangstür des Gebäudes schauen, zeigt sich auf der marmorierten Glasplatte plötzlich ein extrem heller Lichtschein. Rob zuckt zusammen und meint: »I'm freaking out«, was die Geisterjägerin, als sie in das Gesicht des Offiziers schaut, frei mit »Ich mache mir gleich in die Hose« übersetzt.

»Ich konnte mir die Aufregung nicht erklären, denn ich dachte zuerst, die Scheinwerfer eines vorbeifahrenden Autos hätten sich im Glas gespiegelt«, erzählt Uschi, »doch dann musste ich feststellen, dass kein Fahrzeug in der Nähe war. Es hätte ja hinter uns sein und dort stehen oder an uns vorbeifahren müssen, doch da war nichts.«

Woher kommt dieses Licht? Rob und Uschi laufen hinter das Haus, denn die einzige Erklärung für die Erscheinung – da sich keiner in dem Gebäude aufhalten konnte – ist, dass jemand von hinten mit einer sehr grell leuchtenden Taschenlampe durch ein Fenster bis nach vorne geleuchtet hat. Wissend, wie unwahrscheinlich diese Theorie ist, inspizieren die beiden die nähere Umgebung, doch es ist niemand zu sehen. Türen und Fenster des Hauses wirken fest verschlossen und es ist nicht das kleinste Geräusch zu hören.

Rob, mit einer Größe von rund zwei Metern und deutlichen Muskelbergen, steht zitternd da und murmelt: »That's crazy, that's really crazy!«

Der Mann wankt in sein Haus und holt erneut den Hochprozentigen aus dem Schrank.

»Offensichtlich wollte der Knabe seine Angst ersäufen und ich musste mit ihm trinken. Nach dem zweiten Stamperl, das ja insgesamt schon mein viertes war, sind mir die Augen zusammengelaufen. Ich vertrag ja nichts! Der arme Kerl hat dann noch ein weiteres Glas allein auf Ex geleert und ich hab mir währenddessen Sorgen gemacht, wie ich jetzt zu Fuß zum Haus meines deutschen Freundes zurückkommen sollte und ob ich es in meinem Zustand überhaupt finden würde«, erinnert sich Uschi.

Auf Robs Bitte hin packt die Geisterjägerin erneut die Kameras aus und schaltet noch einmal das Diktafon ein. Doch in dieser Nacht geschieht nichts Außergewöhnliches mehr.

Gegen drei Uhr verabschiedet sich Uschi von dem leicht schwankenden jungen Mann und macht sich mit ihren Koffern voller Equipment und einem kaum merklichen Rechtsdrall auf den Heimweg.

Die Auswertung: Deutsch-englische Nachrichten

Am nächsten Tag beginnt Uschi noch in Deutschland die EVPs abzuhören und ihr wird rasch klar, dass Rob wahrscheinlich wieder etliche Stamperln bräuchte, wenn er hören könnte, was für Nachrichten in jener Nacht auf dem Diktafon hinterlassen worden sind.

Es steht schnell fest, dass der junge Offizier nicht nur mit Jakob zusammenwohnt, sondern mit noch einigen Geistern mehr. Auf dem Band sind mehrere verschiedene Stimmen zu hören, die Aussagen erfolgen einmal in deutscher Sprache, dann wieder in englischer. Die Nachrichten sind sehr unterschiedlich, Inhalt und Stimmung betreffend, teils freundlich, teils ablehnend: »Kommt mit uns zur Elektrik« (was damit gemeint ist, konnte bisher noch nicht enträtselt werden), »Help me« (»Hilf mir«) und »Es freut mich«. Auf Uschis Frage »Do you want to talk with us? (»Willst du mit uns sprechen?«) kommt die klare Antwort »Nein«!

Und auf einem der Videos sieht man ganz deutlich einen Schatten quer durchs Wohnzimmer spazieren!

Die Geisterjägerin hält ihr Versprechen und schickt Rob die Ergebnisse. Der junge Mann meldet sich und fragt, was er nun tun soll, da er befürchtet, dass die Energien bösartig sein könnten. Doch Uschi beruhigt ihn und meint, dass in den Stimmen nichts Aggressives zu hören sei und nichts darauf hindeute, dass Gefahr für ihn bestehe. Ihrer Meinung nach hatten die Stimmen und die Vorkommnisse im und vor dem Haus eher etwas Foppendes, Schelmisches an sich. Und auch der Schatten sei nicht weiter tragisch, beschwichtigt Uschi den nervösen Rob, da er nicht mit freiem Auge erkennbar gewesen ist. (Können sich Wesenheiten nämlich so weit manifestieren, dass sie für Menschen, wenn auch nicht für alle, sichtbar werden, besitzen sie so viel Energie, dass sie unter Umständen auch in der Lage sind, echten Schaden anzurichten.)

»Ob der Knabe dort wohnen bleibt, weiß ich nicht. Vielleicht freundet er sich mit ›seinen‹ Geistern an oder schafft es zumindest, sie zu ignorieren und keine Angst mehr vor ihnen zu haben. Für alle Fälle hat er ja sicher noch genug Schnaps im Haus.«

SCHLOSS RIEGERSBURG
(Niederösterreich)

Zur Geschichte von Schloss Riegersburg

Über die erstmalige Erwähnung der Riegersburg im Grenzgebiet von Wein- und Waldviertel in Niederösterreich scheiden sich, wie so oft bei historischen Gebäuden, die Geister (allerdings die irdischen). Eine Quelle führt das Jahr 1212 und den Besitzer Graf Hardegg an, eine andere das Jahr 1390 und den Namen »Burg Ruegers«, wieder eine andere besagt, dass die Riegersburg erstmalig 1427 genannt wird.

Auf jeden Fall hatte die Festung die Aufgabe, die Verteidigungslücke an der Grenze zwischen den Burgen Drosendorf und Hardegg zu schließen.

Sicher ist auch, dass Sigmund Graf von Hardegg die verfallene Festung 1568 von den Eytzingern, in deren Besitz sie sich seit 1441 befunden hatte, erwarb. Die Eytzinger hatten Ende des 15. Jahrhunderts bereits einen Umbau des mittelalterlichen Wehrbaus durchgeführt und Sigmund Graf von Hardegg ließ an der Stelle der bereits wieder verfallenen Burg ein auf Rammpfählen ruhendes Wasserschloss erbauen. Darin richtete er das Verwaltungszentrum der Grafschaft Hardegg sowie seinen Herrschaftssitz ein. 1607 wurde ein Großteil der Anlage durch einen Brand zerstört.

Sigmunds Sohn, Johann Wilhelm von Hardegg, geriet, nachdem er die Nachfolge seines Vaters angetreten hatte, aufgrund von Ankäufen teils hoch verschuldeter Herrschaften in eine schwere Finanzkrise, sodass nach seinem Tod im Jahr 1635 der Konkurs über seinen Nachlass verhängt werden musste.

Sein Schwiegersohn und Nachfolger Julius von Hardegg einigte sich mit den Gläubigern und bezahlte die Schulden, zu welchem Zweck er 1656 die Grafschaft Hardegg und die Riegersburg verkaufte. Neue Besitzer wurden die damals noch unmündigen Grafen von Saint-Julien. Deren Vater, Heinrich Guyard Graf von Saint-Julien, war mit der Schwester von Julius von Hardegg, Sidonia Elisabeth, verheiratet gewesen. Mehrfache Verwüstungen und Plünderungen im Lauf des Dreißigjährigen Kriegs machten das Schloss dann beinahe zur Ruine. Zu dieser Zeit war es nicht bewohnt, sondern wurde von Pflegern verwaltet.

Heinrichs Urenkel Johann Julius von Saint-Julien-Wallsee besaß die Grafschaft Hardegg nach dem Tod seines Vaters zunächst gemeinsam mit seinem Bruder Johann Leopold, erst zu Beginn des Jahres 1730 wurde er alleiniger Inhaber. Noch im selben Jahr verkaufte er den Besitz sowie auch die Herrschaften Riegersburg, Prutzendorf und Ober- und Untermixnitz samt allen Zugehörigkeiten an Sigismund Friedrich Grafen von Khevenhüller, der zu dieser Zeit bereits eine beachtliche Karriere im österreichischen Staatsdienst gemacht hatte. Seine höchste Auszeichnung stellte die Erhebung in den Reichsgrafenstand dar, die ihm und seiner Familie im Jahr 1725 zuteil wurde.

Zu jener Zeit befand sich Schloss Riegersburg in einem sehr schlechten baulichen Zustand und dürfte auch nicht mehr bewohnbar gewesen sein, sodass Renovierungsarbeiten notwendig wurden, die insgesamt rund 50 Jahre dauern sollten. Die Pläne dazu stammten von Franz Anton Pilgram, einem Schüler Lucas von Hildebrandts, von dem Schloss Riegersburg seine barocke Gestalt erhielt. Die im Nordtrakt des Schlosses liegende Kapelle wurde 1755 geweiht.

Schloss Riegersburg diente der Familie Khevenhüller mehr als zwei Jahrhunderte lang fast ausschließlich als Sommerresidenz. Erst Graf Johann Carl machte sie nach der Rückkehr aus Mexiko zu seinem ständigen Wohnsitz.

Mit Beginn des Ersten Weltkriegs wurde das Schloss erneut von seiner Herrschaft verlassen, es hielt sich lediglich Dienstpersonal dort auf. Im Jahr 1945 wurden Heimatvertriebene aus dem benachbarten Südmähren im Schloss untergebracht, danach beschlagnahmte es die russische Besatzungsmacht und bezog dort Quartier. Die Soldaten, zeitweise bis zu 500 auf einmal, hausten wie die Wilden, benutzten den Festsaal als Fahrschule, zu der die Autos über die Feststiege hinauffuhren, die Kapelle wurde als Arrestlokal und Erdäpfelkeller benutzt, die Bibliothek wurde geleert, die Bücher verheizt. Nach dem Abzug der Truppen war von der Originaleinrichtung nicht mehr viel übrig, nur in der heute noch funktionstüchtigen Herrschaftsküche hinterließen die Russen einen neu gesetzten Herd.

1956 wurde Schloss Riegersburg wieder den Eigentümern übergeben und es wurde mit Restaurierungsarbeiten, die bis 1987 dauerten, begonnen. Nachdem Gabrielle-Victoria als letzte Angehörige der Familie Khevenhüller 1972 verstarb, übernahm ihre Tochter, Marianne Gräfin Pilati von Thassul, das Schloss, das seit dem Jahr 1967 als Museum geführt wird (die Einrichtung wurde größtenteils vom Museum für angewandte Kunst zur Verfügung gestellt und wurde originalgetreu renoviert). Die Besitzer haben sich in die Nebengebäude, die ehemaligen Pferdestallungen, zurückgezogen.

Im Jahr 1993 wurde das Schloss für die Niederösterreichische Landesausstellung erneut teilweise renoviert.

2005 wurde unter anderem auf Schloss Riegersburg, anlässlich des 200. Todestags von Friedrich Schiller, das Stück »Kabale und Liebe« für das Fernsehen verfilmt.

Ein geköpfter Graf und ein unruhig schlafender Fürst

Schloss Riegersburg kann mit mindestens zwei Geistern dienen.

Der eine soll der unglückliche Ferdinand Graf Hardegg sein, Bruder von Graf Sigmund und kaiserlicher Feldoberst, der wegen seiner kampflosen Übergabe der Burg Raab an die Türken infolge einer militärischen Intrige des Hochverrats bezichtigt und vom Kriegsgericht zum Tod verurteilt wurde. Seine Enthauptung fand 1595 in Wien auf dem Platz »Am Hof« statt (nachdem man ihm zuvor seine rechte Hand, mit der er die Kapitulation der Festung Raab unterzeichnet hatte, abtrennte), wie der »Wiener Kurier« in einem historischen Abriss über den Platz »Am Hof« am 16. Juni 1951 berichtet: ... *worauf erlauchter Graf selbst Hals und rechten Arm entblößt und niederkniet auf dem vorbereiteten Samtkissen, noch einmal das Kreuz küßt, das der hochwürdige Herr ihm vorhält.*

Nun legt er die rechte Hand auf den Block, der Scharfrichter tritt mit zwei Henkersknechten vor, macht seinen Diener und ein Knecht legt ein scharfes Eisen auf das schmale, weiße Aristokratengelenk. Schon schlägt der zweite mit einem Hammer auf das Eisen, die zarte Hand mit den vielen Ringen fällt herab und wie einen flammenden Blitz hat der Freimann im gleichen Augenblick das goldfunkelnde Richtschwert geschwungen, das die erlauchte Hardeggsche Familie für diesen Zweck hat schmieden lassen. Herunter fällt der Kopf, Blut spritzt nach allen Seiten und aufschreit das Volk vor Bewunderung über des Freimanns Kunst ...

Das Grabmal von Ferdinand Graf Hardegg soll sich in der Hardegger Pfarrkirche befinden, dies ist jedoch umstritten.

Anna Maria geb. Thurn-Valsassina, verheiratet mit Ferdinand von Hardegg, berichtet in einem Brief an ihren Vetter Georg Friedrich Hardegg von ihrem inhaftierten Gatten: *... das ich desen kein schadt noch nachrede nicht haben will, neben welchen ich auch den heren vedtern hiermidt nicht verhalte, das ich alhie im werck bin mich umb die gnade anzuhaldten, das die publication und execution ... bis auf nechsten mondtagk möchte eingestelt werden, und solchs zu dem ende, das ich noch versuchen will ob ich durch hülff der erzherzog Karlin meinen herzlieben heren sein leben erhalten möchdt, von desswegen ich umb so viel mehr meinen freundlichen lieben hern vedtern zum allerhechsten bedte, das ehr umb so viel mehr hieher eylen, und desto weniger ausenbleiben wolle, solches wierd der allmechtige godt für mich und meine arme kindern umb mein herzlieben hern vedtern, und die seinigen wiederumb mit seinen götlichen gnaden vergelten, bin hieruber des hern vedters unabschlegliche antwordt sambt seiner selbst personlichen ahnkunfft gewardtendt, damit got den almechtigen bevohlen, dat Wyen dem 12. Juny ao 1595.*

Zurück in die Gegenwart! Der etwa 20-jährige Sohn des Hauses, Octavian Pilati, der Enkel von Marianne Gräfin Pilati von Thassul, erzählt: »Da ich eines Nachts nicht schlafen konnte, blickte ich gegen vier Uhr früh aus meinem Fenster. Leichter Nebel lag über dem Vorplatz und es war ganz still, als ich plötzlich einen Mann aus den

Schwaden treten sah, der zielstrebig und mit großen Schritten den Schotterweg entlangging. Er trug einen Brustpanzer, darüber einen langen, dunklen Mantel und ein Schwert an seinem Gürtel. Dieser Mann hatte allerdings keinen Kopf und ich erschrak beinahe zu Tode.«

Andere Bewohner des Schlosses haben die Gestalt, vermutlich der Geist von Ferdinand Graf Hardegg, der seine Schmach auch nach über 400 Jahren noch nicht überwunden hat, ebenso schon des Öfteren wahrgenommen.

Und auch ein anderer ehemaliger Bewohner des Schlosses kommt offensichtlich nicht zur Ruhe, und zwar Johann Carl Khevenhüller.

Johann Carl wuchs in Wien auf, trat der kaiserlichen Armee bei und erwarb den Rang eines Rittmeisters. Weil er sich hoch verschuldet hatte, meldete er sich als einer der rund 7000 Freiwilligen zum österreichischen Freiwilligenkorps, das Kaiser Maximilian nach Mexiko begleitete. 1864 verlässt Johann Carl Europa und schreibt in sein Tagebuch: ... *der Entschluss stand in mir fest, mir einen geschichtlichen Namen zu gründen, denn von jeher konnte ich den Gedanken, spurlos in der Welt zu verschwinden, nicht ertragen ...*

Nach dem Abzug der französischen Truppen 1866 baute Johann Carl mit den verbliebenen österreichischen Soldaten das Reiterregiment der »roten Husaren« auf. Nach der Erschießung Maximilians in Queretano verhandelte er mit General Porfirio Diaz über den Abzug der Soldaten, wobei sich eine enge Freundschaft zwischen ihm und Diaz, dem späteren Präsidenten Mexikos, entwickelte.

Im September 1867 kehrte Johann Carl nach Europa zurück, unternahm einige Reisen und beteiligte sich 1868 und 1869 an einer Afrika-Expedition. 1871 ehelichte er Eduardine Gräfin Clam-Gallas und bezog Schloss Riegersburg, wo er sich mit astronomischen Messungen, Kartografie, Geografie und Medizin beschäftigte. Ein von ihm eigens für seine geliebten Vierbeiner eingerichteter Hundefriedhof ist noch heute zu besichtigen. Da seine Ehe kinderlos blieb, adoptierte Khevenhüller seinen Neffen, den Großvater des Mannes der heutigen Besitzerin, Francesca Gräfin Pilati von Thassul, um diesen Zweig der Familie zu erhalten. Khevenhüller starb 1905 in seinem Zimmer auf Schloss Riegersburg. Und dort, davon ist man im Schloss fest überzeugt, scheint er trotz seines ausgefüllten Lebens auch heute noch zu verweilen.

Die Geisterjagd: Viel Lärm um nichts und eine Teddybären-Entführung

Uschi, Tina, Ernst und Günther treffen gemeinsam mit einem Fernsehteam des Magazins »Explosive« von RTL an einem sonnigen Septembernachmittag im Jahr 2007 auf dem Barockschloss Riegersburg ein.

Sie werden von Francesca Gräfin Pilati höchstpersönlich begrüßt und in einen kleinen Kaffeesalon neben dem Empfangsbereich geführt. Und sofort beginnt die Gräfin zu erzählen: »Ich muss fast jeden Morgen das Bett im Sterbezimmer von Carl Khevenhüller richten, die Laken sind immer total zerwühlt, als hätte sich darin die ganze Nacht jemand unruhig hin und her gewälzt. Allerdings ist zu diesem Zeitpunkt niemand in diesem Zimmer, das Bett wird schon lange nicht mehr benutzt. Am Anfang hatte ich eine durchs Schloss streunende Katze in Verdacht und habe mehrmals Mehl um das Bett gestreut, doch am Morgen gab es keinerlei Spuren, obwohl das Bettzeug wieder zerwühlt war. Manchmal dreht Carl auch das Licht auf, das passiert aber nicht täglich. Einstiche in der jahrhundertealten Bettwäsche hab ich auch schon gefunden, da hab ich mich schon über ihn geärgert. Und einmal hat er zu mir gesagt, als ich mich mit einem Kunsthistoriker im Sterbezimmer aufhielt: ›Weg! Hinaus! Den will ich hier nicht mehr sehen.‹ Der Mann hat nichts gehört, angeblich nur ein starkes Knistern in einer Ecke vernommen. Auch mein Sohn Octavian hat schon Bekanntschaft mit Carl gemacht, allerdings indirekt. Als ich mit ihm schwanger war, ist mir der Graf in der Nacht erschienen und hat sekundenlang auf meinen dicken Bauch gestarrt. Ich hab mich unter der Decke versteckt und bin dann wohl eingeschlafen. Einer Tante meines Mannes ist etwas Ähnliches passiert, ihr ist Carl erschienen, als ihr Baby einmal in der Nacht laut weinte.«

»Gibt es außer den seltsamen Begebenheiten im Sterbezimmer vom Khevenhüller sonst noch irgendwelche unerklärbaren Vorkommnisse?«, fragt Uschi nach.

Die Gräfin hebt die Augenbrauen und flüstert: »Jede Menge, bei uns geht es oft rund. Einmal hab ich lautes Poltern in den oberen Stockwerken gehört, als ich mich im Erdgeschoss aufhielt. Das war genau am 11. September, wie mir nachher einfiel, und das ist der Sterbetag vom Carl. Ich hab dieses Geräusch, als würde jemand schwere Möbelstücke schieben, noch öfter gehört, aber verstellt war nie etwas. Und im Musikzimmer muss auch ein Geist sein Unwesen treiben, wahrscheinlich eh auch der Khevenhüller, denn da finde ich immer eine Einbuchtung im Polstersessel, oft kurze Zeit nachdem ich den Stoff glatt gestrichen habe.«

»Glauben Sie, dass sich nur der eine Geist im Schloss aufhält?«, will Tina wissen.

»Nein, ich denke, ein Hardegg spukt auch, vermutlich der geköpfte Ferdinand. Der hinterlässt zwar keine Spuren, aber er erscheint Kindern. Meinem Sohn, dem Octavian, hat er sich gezeigt, und viele Jahre zuvor meinem damals siebenjährigen Neffen.«

Nun drängt bereits die Zeit, Uschi möchte mit dem Aufbau der Kameras beginnen. Doch zuvor soll noch die Führung stattfinden und das API- sowie das Fernsehteam brechen in Begleitung der Gräfin auf, um die Räumlichkeiten zu besichtigen.

Das Sterbezimmer von Carl Khevenhüller liegt im ersten Stock.

»Da fällt mir noch etwas ein«, meint Gräfin Pilati, »ein Mann hat einmal dieses Gemälde dort an der Wand, das Porträt einer jungen Frau, fotografiert. Und beim Entwickeln hat er festgestellt, dass das Bild eine alte Frau zeigte. Keine Ahnung, wie das passiert ist.«

Weiter geht es durch einen großen, schönen Salon zum Musikzimmer, in dem der Polstersessel steht, der zeitweise unerklärliche Einbuchtungen aufweist, obwohl ihn keine lebende Person benutzt.

»Ich hatte ein Dienstmädchen, das hat einmal in diesem Zimmer auf dem Klavier jemanden spielen gehört, obwohl der Raum leer war. Dieselbe Frau meinte auch, Geister aus verschiedensten Epochen hinten beim Ahnenbaum stehen gesehen zu haben. Sie war dann nicht mehr lange bei uns«, lächelt Francesca Pilati.

Plötzlich greift Tina nach Uschis Arm und murmelt: »Mir ist total schlecht, die Energie hier schlägt mir auf den Magen. Ich muss kurz raus!« Auch Günther ist blass um die Nasenspitze und verlässt gemeinsam mit Tina das Musikzimmer.

Unbeirrt fährt die Gräfin fort: »Außerdem ist mehrfach das Bellen von Hunden im Schloss vernommen worden, obwohl hier garantiert keine sind.«

Uschi runzelt die Stirn. »Die könnten aber doch draußen bellen, in der Nachbarschaft gibt es sicher Hunde. Das hört man dann auch hier drinnen, oder?«

Francesca Pilati zuckt mit den Schultern, woraufhin Uschi Ernst vor das Schloss schickt, um zu bellen. Brav erledigt Ernst seine Aufgabe – und tatsächlich, das menschliche Gekläffe ist klar und deutlich im Gebäude zu hören.

Wieder vereint, Ernst ist zurück, Tina und Günther haben sich etwas erholt und ebenfalls wieder zur Runde gesellt, wird die Besichtigungstour fortgesetzt. Uschi drängt zur Eile, da es mittlerweile schon 21.00 Uhr geworden ist und sie die Kameras aufbauen möchte. Die Gruppe gelangt von einem weiteren Schlafzimmer in einen Gang voller Geweihe, in dem am anderen Ende auch jener bereits erwähnte Ahnenbaum zu sehen ist.

Gräfin Pilati stellt sich an ein Fenster und deutet auf eine Tür gegenüber der Einfahrt in den Hof. »Die Teddygeschichte muss ich auch noch unbedingt erzählen. Dort unten in dem kleinen Raum hinter der Tür, die immer versperrt ist, lagern in Kisten uralte Teddybären. Eines Tages habe ich beschlossen, sie schätzen zu lassen. Doch als ich die Stofftiere holen wollte, waren sie verschwunden.

Ich dachte natürlich, dass sie gestohlen wurden, obwohl die Tür versperrt und unversehrt war. Als ich Wochen später den Raum erneut betrat, lagen die Teddys brav wieder in ihren Kisten. Keine Ahnung, vielleicht dachten sie, ich wollte sie verkaufen, und sie wollten nicht weg von hier.«

Uschi und die wieder putzmuntere Tina planen daraufhin, natürlich mit dem Einverständnis der Gräfin, eine Teddybären-Entführung. Sie sprechen laut aus, dass sie die Stofftiere aus dem Schloss wegbringen würden.

Dann geht es zurück in den Kaffeesalon, in dem bereits Essen serviert ist. Uschi wird langsam nervös und die RTL-Redakteurin geht ihr auf die Nerven, weil sie durch langatmige Fragereien das Aufstellen der Kameras weiter verzögert.

Gerade als Uschi mit dem Installieren der Geräte beginnt, kommen der Kameramann und der Tonassistent, die sich im ersten Stock aufgehalten hatten, um Probeaufnahmen zu machen, angelaufen, beide bleich im Gesicht, und verkünden, dass das Bett zerwühlt ist. Alle laufen nach oben, um nachzuschauen, API schießen ein paar Fotos. Uschi ist jetzt nicht nur genervt, sondern wird langsam wütend. Mittlerweile ist es bereits 22.00 Uhr. Sie beschließt, das Okay vom Fernsehteam nicht mehr abzuwarten, und geht gemeinsam mit Tina und Ernst nach unten, um die Geräte zu holen.

Plötzlich sind erneut alle in Aufruhr, Günther, der oben war, um weitere Fotos zu machen, berichtet, dass Abdrücke auf dem Polstersessel zu sehen sind. Während sich eine aufgelöste Gräfin Pilati, eine aufgeregt plappernde Redakteurin und die zwei relativ verstört wirkenden Männer vom Fernsehteam um den Sessel scharen, hetzen API wieder zurück in den Kaffeesalon, um endlich die Kameras in den ersten Stock zu transportieren.

»Da gibt es aber viele Zugangsmöglichkeiten oben und die Redakteurin war vorher nicht bei uns«, äußert Uschi skeptisch. Die anderen teilen ihre Befürchtungen, dass die junge Frau eventuell für den »Spuk« verantwortlich sein könnte, um eine bessere Geschichte für ihr Magazin zu produzieren.

Gegen 23.00 Uhr stehen endlich Kameras im Sterbezimmer von Carl Khevenhüller, eine in der Tür Richtung Bett filmend, drei Webcams, die auf den Laptop aufnehmen und live auf die Website übertragen, eine ebenfalls aufs Bett gerichtet, die beiden anderen an jeweils einer Seite im Raum angebracht. Außerdem wird noch Tinas analoge Kamera, die nicht mit Infrarot arbeitet, aufgestellt und an den Laptop angeschlossen.

Währenddessen beziehen in Deutschland Biggi und Melanie Position, die die Untersuchung im Sterbezimmer live auf der Website mitverfolgen wollen.

Das Bettlaken wird noch schnell glatt gestrichen, danach verlassen API das Zimmer.

Im Musikzimmer richtet Uschi den Polster, danach werden zwei Kameras aufgebaut, die eine direkt auf den Sessel gerichtet, die andere von einer Tür zur anderen filmend positioniert. Hier wird auch ein zusätzlicher Infrarotstrahler aufgestellt, da der Raum zu groß ist, um vom Kameralicht ausgeleuchtet werden zu können. 20 Minuten später stehen auch im zweiten Schlafzimmer und am hinteren Ende des Gangs, direkt vor dem Ahnenbaum, Kameras und Infrarotstrahler. Auch Diktafone werden überall dazugelegt.

Danach starten API ihr Programm, gehen getrennt durch die Räume und machen die übliche Befragung in die Stille. Die Gräfin sitzt ruhig in einer Ecke und auch die Redakteurin ist endlich leise.

Gerade als Uschi und Günther ins hintere Schlafzimmer gehen, um die Kassette zu wechseln, ertönt Tinas aufgeregte Stimme aus dem Walkie-Talkie: »Kommt's schnell her, hier ist etwas passiert!«

Die beiden eilen zu Tina und sehen die »Bescherung«: Rund um das Khevenhüller'sche Sterbebett liegen winzige weiße Kristalle am Boden, mittendrin ein Abdruck, der aussieht wie von einer Hundepfote. Die Gräfin Pilati hatte vorher auch erzählt, dass ein Hund von Carl in diesem Raum gestorben sei.

Uschi nimmt ihre Leute zur Seite und meint ironisch: »Also Ektoplasma ist das sicher keines! Unten im Café standen doch Zuckerstreuer am Tisch. Und die Redakteurin ist die Einzige hier, die ständig eine Handtasche mit sich herumträgt. Der Abdruck ist mit Fingern gemacht worden, das sieht doch ein Blinder.«

Und tatsächlich handelt es sich bei den weißen Kristallen um Zucker! Wer »das Zeug« gekostet und identifiziert hat, bleibt allerdings geheim.

API beschließen nun Biggi und Melanie zu fragen, ob sie etwas gesehen haben. Mittlerweile ist auch der Zeitpunkt gekommen, an dem sich die beiden Männer von RTL nicht mehr allein zum WC gehen trauen und Tina sie begleiten muss.

Uschi lacht: »Gerade die beiden, die vorher im Salon noch besonders cool getan hatten, machten sich im wahrsten Sinn des Wortes fast in die Hose.«

Jetzt wird Biggi kontaktiert, die zuerst einmal ernüchternd berichtet, dass die Webcams sehr häufig ausgesetzt haben, da die Internetverbindung auf Schloss Riegersburg offensichtlich sehr instabil ist. Doch dann sagt sie: »Der Khevenhüller ist ein ganz Lustiger. Der ist einige Male durch die Wand gegangen und zwischen euch herumgetanzt. Jetzt momentan steht er neben der Redakteurin, seht ihr ihn nicht?«

Alle sehen sich verdattert um, doch keiner bemerkt den Geist, der sich offensichtlich in ihrer Mitte befindet.

Plötzlich ruft der Kameramann: »Ich glaub, ich hab was!«

Uschi, immer noch sehr genervt und skeptisch, bereits über eine Folgeuntersuchung ohne Fernsehteam nachdenkend, fragt nach.

Der Kameramann hat, als er durch das Zimmer schwenkte, zufällig auch den Bildschirm des Laptops gefilmt und auf dieser Aufnahme von der Webcam sieht man ganz deutlich eine Gestalt durch die Wand gehen!

Uschi findet keine andere Erklärung, als dass diese Aufzeichnung »echt« sein muss, vor allem, weil sich der Vorgang auch mit den Schilderungen von Biggi deckt, und freut sich über das Ergebnis. Biggi verspricht Uschi außerdem, ihr die Screenshots zu schicken, die sie zu Hause gemacht hat.

Jetzt steht noch die Teddybären-Entführung auf dem Programm, die Tina übernehmen möchte. Sie öffnet die Tür zu dem Raum, in dem die Stofftiere lagern, und ist ein wenig enttäuscht, als sie feststellt, dass alle noch brav an ihrem Platz sind. Kurzerhand kidnappt sie zwei Teddys und verlässt demonstrativ das Schlossgelände. Nachdem keines der beiden Stofftiere aus ihren Armen gehüpft und »nach Hause« zurückgelaufen ist, marschiert sie enttäuscht wieder zurück und legt die Teddys an ihren Platz. Dann geht sie mit Günther auf den von Carl Khevenhüller angelegten Hundefriedhof und amüsiert sich über die Grabinschriften mit Geburts- und Sterbedatum des jeweiligen Vierbeiners. Doch außer dem Geschrei einiger Wildenten können die beiden auch hier nichts Außernatürliches entdecken und kehren zu Uschi und Ernst zurück.

Auf der Suche nach wenigstens noch einem Abenteuer überredet Tina Uschi, den Dachboden zu durchsuchen. Uschi, die Bedenken anmeldet, kann ihre Freundin nicht davon abhalten und klettert ihr schimpfend hinterher. Während unten das Fernsehteam auf den Abschlussdreh wartet, inspizieren die beiden Frauen das zugige Dachgeschoss – ohne Ergebnis. Um vier Uhr bauen API alles ab und erledigen die noch anstehenden Aufnahmen von RTL. Nachdem Uschi einige Male mit dem schweren Equipment auf und ab gelaufen ist und »Ich bin die Ursula« gesagt hat, reicht es ihr endgültig.

Um fünf Uhr morgens verabschieden sich API von der Gräfin und treten die Heimreise an. Insgeheim haben sie bereits eine Folgeuntersuchung geplant, bei der sie mit den Geistern allein sein wollen.

Die Auswertung: Der Kasperl namens Carl und ein Biss in die Kamera

Das Ergebnis der Auswertung ist ernüchternd: Bei API hat sich kein Geist zu Wort gemeldet oder blicken lassen!
Auf Biggis Screenshots hingegen sind Lichtblitze, auf einem ein

Kopf zu sehen. Nach Vergleichen mit Abbildungen von Carl Khevenhüller ist klar, dass er es war, der sein Antlitz in die Webcam gehalten hat.

Nebenbei fragt Biggi nach, wer so blöd ist und in eine der Webcams beißt, überhaupt während einer laufenden Untersuchung. Uschi erklärt bestimmt, dass das garantiert keiner vom Team war, auch sicher niemand von RTL. Allerdings hat sie einmal bemerkt, dass eine der Kameras am Boden lag, obwohl niemand vorher im Raum war. Biggi behauptet, dass sie ganz genau einen aufgerissenen Mund und die Zähne sehen konnte. Leider existiert hier kein Screenshot, weil sie und Melanie meinten, dass das einer vom Team gewesen sein musste.

»Das muss auch dieser Kasperl, der Carl, gewesen sein«, ist man sich einig.

Und dann taucht noch eine erstaunliche Aufnahme auf: Tinas analoge Kamera hat einen Mann gefilmt, der seitlich ins Bild schaut. Aufgrund der auffälligen Hakennase identifiziert ihn Uschi als ein Mitglied der Hardegg-Familie. Ob es ausgerechnet der arme Ferdinand war, der in der Vergangenheit ja kopflos gespukt hatte, ist zweifelhaft.

Des Weiteren existiert auch noch das vom Bildschirm des Laptops abgefilmte Video, das API von RTL erhalten.

Insgesamt sind die Geisterjäger mit dem Ergebnis zufrieden. Eine Folgeuntersuchung wird es vielleicht 2010 geben.

LEAP CASTLE
(County Offaly, Irland)

Zur Geschichte von Leap Castle

Leap Castle (aus dem Englischen wortwörtlich übersetzt »Hüpfburg«) wurde vermutlich 1250 von der Familie O'Bannon erbaut und liegt in der Nähe des Dorfes Clareen im County Offaly, rund 150 Kilometer von Dublin entfernt.

Nachdem die Burg in den Besitz der blutrünstigen Familie O'Caroll gelangt war, erlebte sie so manch grausames Gemetzel. Blutvergießen innerhalb eines Clans (Personengruppe, die sich als Abkömmlinge eines gemeinsamen Ahnen empfindet) war damals zwar nichts Besonderes, doch die O'Carolls wüteten besonders grausam und hinterhältig. Im 16. Jahrhundert, so ist es überliefert, veranstaltete der damalige Burgherr ein Fest, zu dem er den bäuerlichen Zweig der Familie einlud. Kaum hatten seine Gäste an der Tafel Platz genommen, wurden sie auch schon hinterrücks brutal erschlagen.

Ebenso töteten sich die engsten Familienmitglieder gegenseitig, wenn es um die Herrschaft des Clans ging. So ermordete ein O'Carroll seinen eigenen Bruder, einen Priester, in der »bloody chapel« (blutige Kapelle), während dieser eine Messe zelebrierte. Er stieß sein Schwert in den Rücken des Gottesmanns, der daraufhin vornüber auf den Altar fiel und im Beisein der gesamten Familie sein Leben aushauchte.

Im 17. Jahrhundert verliebte sich die Tochter des Clans in einen gefangenen Soldaten, versorgte ihn mit Essen und Trinken und verhalf ihm schließlich zur Flucht. Die beiden heirateten und so wurde Leap Castle zum Eigentum der Familie Darby. Ihr letzter Nachkomme war Jonathan Charles Darby.

Im Jahr 1922 wurde die Burg durch einen Brand zerstört. Im Zuge der Aufräumarbeiten sollen Arbeiter einen kleinen Raum in der Kapelle gefunden haben, von dem aus man Gefangene in ein darunter liegendes Verlies geworfen hatte. Die Menschen fielen durch eine Falltür auf dort angebrachte Stacheln, und wenn sie nicht sofort verbluteten, starben sie schwer verletzt eines langsamen Hungertods, während über ihnen Hochzeiten gefeiert und die köstlichsten Speisen serviert wurden.

Aus diesem Verlies holen die Arbeiter drei Wagenladungen mit Skeletten hervor, die dort aufeinandergestapelt lagen. Angeblich befand sich unter den Knochen auch eine Taschenuhr aus dem Jahr 1840, obwohl zu dieser Zeit nach Meinung der Historiker der Kerker schon lang nicht mehr benutzt wurde.

Danach stand die Burg 70 Jahre lang leer. 1972 kaufte ein Australier irischer Abstammung das Gemäuer und ließ es von einer »weißen Hexe« aus Mexiko exorzieren. Die Austreibungsversuche dieser Dame dürften allerdings nicht von Erfolg gekrönt gewesen sein, denn 1991 verkaufte der Australier die Burg an den Musiker Sean Ryan und dessen Frau Anne.

Leap Castle wurde renoviert und umgebaut und ist seitdem im Besitz des Ehepaars Ryan geblieben.

Blutige Gemetzel und ein nach Verwesung stinkender »Elemental«

In der irischen Burg mit den dicken Granitwällen floss Jahrhunderte hindurch stets reichlich Blut – angefangen bei den zahlreichen Familienfehden bis hin zur Hinrichtung von Gefangenen.

Mildred Darby, die Ehefrau des letzten Darby-Nachkommens Jonathan Charles, interessierte sich sehr für alles Okkulte und begann Ende des 19. Jahrhunderts in Leap Castle zu experimentieren, sie hielt Séancen ab und rief die Geister an. Über ihre Erfahrungen berichtete sie 1909 in einem Artikel für den »Occult Review«. Die Burgherrin schrieb unter anderem, dass ihr die verschiedensten Elementargeister begegnet seien, gute wie böse, darunter ein ziemlich furchterregender, der seine Hand auf ihre Schulter gelegt und sie aus leeren Augenhöhlen angestarrt habe, während ihr ein fürchterlicher Gestank nach Verwesung entgegenwehte.

Einen dieser Elementargeister soll auch der irische Dichter William Butler Yeats zu Beginn des 20. Jahrhunderts während einem seiner dem Okkulten gewidmeten Aufenthalte auf der Burg gesehen und beschrieben haben. Es handelte sich dabei offensichtlich um einen besonders übel nach Verwesung und Schwefel stinkenden Geist, eine kleine, bucklige Gestalt, die von den Einheimischen »Elemental« genannt wird.

Doch auch in den 70 Jahren des 20. Jahrhunderts, in welchen Leap Castle leer stand, soll es Spuksichtungen gegeben haben. Unter anderem wird davon berichtet, dass Spaziergänger in der »bloody chapel« Kerzenlicht gesehen hätten. Andere berichten von einer Frau in einem langen roten Kleid, die durch die Burg gegeistert sei.

Auch die Seelen der MacMahon-Familienmitglieder hätten jeden Grund, sich noch in Leap Castle aufzuhalten, da die Sippe im Jahr 1599 von Charles O'Caroll grausam im Schlaf getötet wurde, nachdem sie ihn im Krieg gegen den Earl of Tyrone unterstützt hatte.

Auch Sean Ryan und seine Gattin machten bereits mehrmals Bekanntschaft mit den Burggespenstern. Zuerst schienen diese wütend auf die neuen Besitzer und die Störung aufgrund der Umbauarbeiten zu sein – Sean wurde bei handwerklichen Tätigkeiten mehrmals auf unerklärliche Weise verletzt; er brach sich unter anderem eine Kniescheibe und einen Fußknöchel.

1991 wurde die kleine Tochter der Familie in der »bloody chapel« getauft. Es soll ein wundervoller Tag mit viel Musik, Tanz und Gelächter gewesen sein.

Mittlerweile, so Ryan, seien die Geister zwar oft nervig, aber nicht mehr böswillig. Sie erscheinen hin und wieder, wie im Mai 2002, als im Erdgeschoss der Geist eines alten Mannes vor dem Kamin saß, und verschwinden dann nach einiger Zeit wieder.

Leap Castle wurde im Jahr 2002 zum Schauplatz der britischen Erfolgssendung »Most Hounted«, 2006 stellten TAPS im Rahmen ihrer Reality-Show »Ghost Hunters« Untersuchungen dort an. Beide Sendungen berichteten von einem großen Erfolg, die Gespenster waren angeblich äußerst kooperativ und sehr telegen.

Und dann kamen API!

Die Geisterjagd: Irish Stew und grantige Tauben

API reisen nicht allein zur bekanntesten Spukburg Irlands, sondern werden von Pro7 »angeheuert«, mit ihnen eine Story über Leap Castle zu machen. Im November 2007, nach zähen Budgetverhandlungen mit dem Sender, packen Uschi, Tina, Günther und Melanie ihre Koffer, um sich auf den Weg zu machen.

Die erste Nacht auf der grünen Insel verbringen API in einem Hotel in Dublin, in dem am Tag zuvor ein Team von »X-Files« (Alien-Jäger) eingecheckt hat, was die Rezeptionistin den Geisterjägern sofort erfreut mitteilt. Auch eine Servierkraft in der Hotelbar freut sich über den Besuch von API, kennt sogar Tina und verwickelt sie in ein interessantes Gespräch.

Am nächsten Vormittag werden Uschi und ihre Leute vom Pro7-Team (ein Redakteur, ein Kameramann und ein Tontechniker) mit einem großen Leihauto abgeholt und gemeinsam machen sie sich auf den langen Weg zur Burg. Auf der Fahrt macht Uschi klar, dass bei der Untersuchung vollkommene Ruhe herrschen muss, sie möchte vermeiden, dass Ähnliches passiert wie auf Schloss Riegersburg und ein nerviges Fernsehteam ihre Arbeit stört.

Nach einigen Kämpfen mit dem Navigationsgerät, das Leap Castle offensichtlich nicht kennt oder das Auto samt Besetzung nicht dorthin bringen will, sowie dem Linksverkehr erreichen die sieben Abenteurer die Burg bei völliger Finsternis gegen 20.00 Uhr. Das Wetter bereitet den beiden Teams einen passenden Empfang, es ist bewölkt, sogar leicht neblig, regnerisch und stürmisch.

»Das Gemäuer wirkte sehr düster, nur im Turm brannte Licht. Ich hatte das Gefühl, ich würde vor Draculas Schloss stehen«, lacht Uschi.

Der Redakteur versucht den Burgbesitzer Sean Ryan telefonisch davon in Kenntnis zu setzen, dass sie bereits vor seinem Heim stehen, doch der Musiker meldet sich nicht. Nach längerem Zögern öffnet Tina die Tür zum Turm und die anderen folgen ihr in das Empfangszimmer, das zugleich den Essbereich darzustellen scheint.

Der Raum ist in flackerndes Kerzenlicht getaucht und strahlt eine mysteriöse Gruseligkeit aus, im Kamin brennt knisternd Holz und von irgendwoher dringt ein leises, nicht zu identifizierendes Geräusch an die Ohren der zwar gebetenen, aber noch nicht empfangenen Besucher.

Endlich betritt Sean Ryan den Raum und begrüßt seine Gäste. »Ich hab ihn mir ganz anders vorgestellt«, schildert Uschi, »irgendwie ... vornehmer. Eigentlich sah er aus wie ein Bauer, ohne dass ich das bös meine. Er trug ein ausgebleichtes Hemd, darüber ein orangefarbenes Gilet, Jeans und Gummistiefel, auf seinem langen weißen Haar saß ein kariertes Kapperl und sein Bart war auch schneeweiß und struppig.«

Das Fernsehteam beginnt mit seinem Interview und hat viel Spaß dabei. Uschi muss einmal den Platz wechseln, weil sie darauf aufmerksam gemacht wird, dass hinter ihr an der Wand ein Geweih hängt und es so aussieht, als wäre sie eine »Hirschfrau«. Mister Ryan erzählt, dass sich etliche Geister in Leap Castle aufhalten, unter anderem eine Frau, die gern Männer anfasst, woraufhin Günther meint, schon von ihr berührt worden zu sein.

Dann starten die sieben Geisterjäger zusammen mit dem Musiker einen ersten Rundgang, der sie ausschließlich durch den Turm führt, da die anderen Teile der Burg nicht zugänglich sind. Im Schein unzähliger Kerzen steigen Uschi und die anderen die Stiegen nach oben und besichtigen alle Räume, während Sean Ryan erzählt und Günther fotografiert. Der Musiker berichtet von guten Geistern im Eingangsbereich, von dem grausamen Mord und dem geheimnisvollen Verlies in der »bloody chapel«, doch den »Elemental« erwähnt er mit keinem Wort.

Danach richten API ihr Hauptquartier ein, und zwar im ersten Stock in einer Art Wohnzimmer und Bibliothek mit riesigen Holztischen. Darüber befindet sich der Balkon, auf dem regelmäßig besagter »Elemental« erscheinen soll und auf dem ein bequem wirkendes Sofa steht.

Dann geht es weiter nach oben zur »bloody chapel«. »Die Atmosphäre war sehr eigenartig, Strohballen lagen am Boden und der Wind pfiff durch Mauerritzen und durch die zugigen Fenster herein«, erinnert sich Uschi.

Sie entdecken das Loch, das ehemalige Verlies, in dem 1922 die Gebeine der dort grausam ums Leben Gekommenen freigelegt wurden. Günther findet weiter hinten eine Tür und stiegenabwärts noch eine, die in einen Gang führt, den Uschi aus den Berichten der amerikanischen »Ghost Hunters« kennt. »Dort hält sich angeblich ein Mörder auf, der die amerikanischen Geisterjäger sogar attackiert haben soll«, erzählt Uschi den anderen. »Das behaupten die zumindest. Geschichtlich ist hier nichts dokumentiert.«

Nachdem alles besichtigt ist, beginnen die Dreharbeiten von Pro7. Nachdem unten zwei Mal die Tür aufgeflogen ist, wird das Fernsehteam nervös und zeigt erste Anzeichen von Angst. »Dabei war das nur der Wind«, kichert Uschi.

Mittlerweile ist es 23.00 Uhr und Mister Ryan serviert den Geisterjägern Irish Stew, danach zieht er sich in sein Schlafgemach zurück.

Jetzt beginnen die Aufbauarbeiten, Kabel werden verlegt, Kameras und Diktafone platziert. Während Tina im Hauptquartier die Camcorder positioniert, quer durch den Raum und auf den Balkon gerichtet, klettern Uschi, der Kameramann und der Tontechniker zur »blutigen Kapelle« hinauf, um dort noch einmal zu drehen. Plötzlich werden die drei von seltsamen, würgenden Geräuschen aufgeschreckt, wobei Uschi zuerst vermutet, dass ihr die Männer einen Streich spielen wollen. Doch als sie in die schreckensgeweiteten Augen der beiden blickt, wird ihr klar, dass diese Laute anderen Ursprungs sein müssen.

»Das hört sich an wie eine Mischung von Taube und Katze, muss ja ein eigenartiges Viech sein«, witzelt sie. Im selben Moment wird der Tontechniker blass und reicht Uschi wortlos die Kopfhörer, spult zurück und spielt ihr vor, was er aufgenommen hat. »Listen, listen, murder«, ist klar und deutlich zu verstehen.

Wieder unten, spielen sie Tina die Aufnahme vor, die dasselbe hört und sich ein wenig gruselt. Uschi und Günther klettern wieder nach oben, um eine von ihren Kameras in der »bloody chapel« zu installieren, die beiden Herren von Pro7 verweigern einen erneuten Aufstieg. Oben angekommen hören die beiden dasselbe Geräusch, es klingt ein wenig wie eine weinende Katze, vermischt mit den Lauten einer erbosten Taube. Und tatsächlich, als Uschi alles ableuchtet, erblickt sie im Gebälk etwa fünf der Vögel, die ganz offensichtlich wenig erfreut über die Störung sind und grantig gurren. »Katze war keine zu sehen, daher nehme ich an, dass irische Tauben einfach anders klingen als unsere.«

Insgesamt stehen in der Kapelle nun drei Kameras mit Infrarotstrahler, eine gekoppelt an den Laptop, eine Handycam auf Stativ Richtung Verlies filmend, eine weitere, ebenfalls mit dem Laptop verbunden, zur Eingangstür hin aufnehmend. Auch im Gang, in dem es den amerikanischen Geisterjägern zufolge mörderisch zugehen soll, wird ein Camcorder aufgestellt. »Wir haben allerdings nur Ungeziefer dort gesehen, das dafür in sehr großen Mengen«, erzählt Uschi angewidert. Zwei weitere Kameras werden im Eingangsbereich aufgestellt.

Tina beginnt mit den EMF-Messungen, doch das Gerät zeigt keinerlei abnorme Schwankungen an, auch der Kompass schlägt nicht aus.

Es ist mittlerweile Mitternacht geworden und API teilen sich auf die Räume auf. Uschi setzt sich in die »bloody chapel« zu den missmutigen Tauben, Tina legt sich auf das Sofa auf dem »Elemental«-Balkon und Günther begibt sich in den Eingangsbereich. Langsam breitet sich die Kälte in dem Gemäuer aus und die Geisterjäger beginnen zu frieren. Stündlich treffen sich alle unten vor dem Kamin, um sich aufzuwärmen. »Am nächsten Tag hatten wir alle einen schlimmen Muskelkater, weil die Stufen sehr hoch und steil waren und wir dauernd rauf und runter gerannt sind.«

Plötzlich, während alle im Eingangsbereich versammelt sind, ist von oben aus der Kapelle so etwas wie ein Tappen zu vernehmen. Tina erklärt sich bereit, hinaufzugehen und einen »Schritttest« zu machen, also herzumlaufen, während die anderen unten lauschen. Doch es ist kein Geräusch von der in der Kapelle herumlaufenden Tina zu hören, was alle stutzig macht.

»Und dann«, lacht Uschi, »stellten wir fest, dass Sean am WC gewesen ist und dieses leise Pumpern von der Spülung verursacht wurde. Doch das Eigenartigste in dieser Nacht war dann eigentlich der Hurrikan, der gegen ein Uhr in der Kapelle tobte, das hat schon sehr seltsam ausgesehen. Die Strohhalme wirbelten regelrecht ungefähr einen Meter hoch im Kreis, als der Sturm gegen die Fenster schlug, sich durch die Spalten hineinzwängte und durch den Raum fegte«, berichtet Uschi, »da gab's ein richtiges Unwetter mitten in der Kapelle!«

Die Nacht ist fast vorbei, als Günther noch einen Schatten im Spiegel sieht, während die Geisterjäger vor dem Kamin versammelt sind. »Wahrscheinlich wieder diese Frau, die steht sicher auf dich«, vermutet Tina grinsend.

Es ist drei Uhr geworden und alle sind müde. Uschi hält die Stellung und führt noch einmal eine Befragung durch, während die drei Männer von Pro7 oben im Hauptquartier »einen ganzen Wald umgesägt haben« und Tina und Günther auf dem Sofa am Balkon vor sich hin dösen.

Gegen fünf Uhr sind alle wieder wach und es ist Zeit, abzubauen. Während das Fernsehteam noch einige Interviews nachdreht, schauen sich Tina und Uschi draußen um. Es hat ein wenig aufgeklart, doch es ist immer noch sehr windig.

Mister Ryan gesellt sich wieder zu den Geisterjägern, dieses Mal in Begleitung seiner Frau und der gemeinsamen Tochter. Gegen sieben Uhr verabschieden sich API und das Pro7-Team und machen sich auf die Heimreise.

Uschi schildert ihre Eindrücke: »Leider hat Sean offenbar keinen guten Geschmack und lässt die Burg auch ein wenig verkommen. Verschiedene Stilelemente sind wild kombiniert und es ist alles sehr schmutzig. Tina hat, zum Glück erst nach ihrem Schläfchen, festgestellt, dass nicht nur sie und Günther es sich auf dem

Sofa bequem gemacht hatten, sondern auch einige Asselfamilien. Und die Fensterscheiben sind alle total verschmiert und staubig, da wundert es mich nicht mehr, wenn man eine ›seltsame‹ Spiegelung sieht.«

Die Auswertung: Traurige Gewissheit

Beim Durchschauen sämtlicher Fotos und Videos wird die Ahnung zur traurigen Gewissheit: Es ist absolut nichts Paranormales zu sehen! Auch die Diktafone bleiben stumm, es gibt keine einzige EVP.

»Und dieses ›listen, listen, murder‹ hat ja der Tontechniker von Pro7 aufgezeichnet. Ich hatte ihn gebeten, mir das Band zu kopieren und zuzusenden, doch ich habe es leider bis heute nicht erhalten«, bedauert Uschi abschließend.

BURG LOCKENHAUS
(Burgenland)

Zur Geschichte von Burg Lockenhaus

Zu Beginn des 13. Jahrhunderts entstanden im Gebiet zwischen den Ausläufern des oststeirischen Hügellands und der pannonischen Ebene eine Reihe von Befestigungsbauten in dem von bayerisch-fränkischen Siedlern urbar gemachten Urwald.

Burg Lockenhaus wurde um das Jahr 1200 über dem Tal der Güns, mitten im heutigen Naturpark Geschriebenstein, erbaut. Urkundlich wurde sie erstmals 1242 mit dem Namen »Castrum Leuca« als nach dem Mongolensturm 1241/42 intakt gebliebene Festung erwähnt. Aus dieser Zeit stammen der Kapellenturm und der Bergfried nahe dem Tor zur Kernburg. Aufgrund bautechnischer Ähnlichkeiten mit jenen Burgen, die von den Kreuzrittern im Nahen Osten errichtet wurden, besteht die Vermutung, dass es sich bei Lockenhaus ursprünglich um eine Festung des Ordens der Templer gehandelt haben könnte.

Zum Nachweis der Besitzverhältnisse des »Castrum Leuca« wird die Urkunde aus dem Jahr 1260 (BUB I, 1965, Nr. 393) herangezogen: Um 1250 wurde die Burg von den Ungarn vor einer Einnahme durch den letzten Babenberger, Friedrich II., bewahrt und gehörte zum Besitzwesen von König Bela IV.

Um 1260 gelangte sie in den Besitz von Banus Chak, der ausdrücklich als ehemaliger und rechtmäßiger Eigentümer des »Castrum Leuca« in der erhalten gebliebenen Abschrift einer Urkunde von 1279 (BUB II, Nr. 193) genannt wurde, danach ging die Festung mitsamt seinen Gütern in den Besitz des Banus Nikolaus I. von Héder über. Zu dieser Zeit, das geht aus der Urkundenlage deutlich hervor, kann zwar kein Eigentumsverhältnis der Burg zu einem Orden bestanden, diese den Templern aber als temporärer Aufenthaltsort gedient haben.

1337 wurde Johann III. von Héder, der Neffe des in der Zwischenzeit verstorbenen Nikolaus I., aufgrund erfolgloser Kriegshändel von Lockenhaus vertrieben und die Festung gelangte in den Besitz von Stephan Laczkfi. Danach gehörte sie bis 1390 den Güssingern, bis 1535 den Kanizsays, bis 1676 den Nádasdys (von ihnen stammt der Anbau der »unteren Burg«) und bis 1968 den Esterházys.

1968 erwarben Paul Anton Keller und seine Gattin Margaret das Gemäuer. Unter Einsatz ihres gesamten Privatvermögens begann die Familie mit der aufwendigen Restaurierung, die nach dem Tod von Professor Keller im Jahr 1976 von der »Prof. Paul Anton Keller-Stiftung« weitergeführt wurde. Insgesamt wurden seit 1968 rund 23 Millionen Euro in die Renovierung von Burg Lockenhaus investiert.

Viele Historiker beschäftigen sich bis heute intensiv mit der Geschichte des »Castrum Leuca«, wobei das Hauptinteresse dem Aufenthalt der Templer auf der Burg gilt. Manche Wissenschaftler glauben genügend Anhaltspunkte für das Wirken des Ordens auf Burg Lockenhaus gesammelt zu haben, andere wiederum bestreiten die Tätigkeiten der Templer in Österreich generell.

Einige Experten sind sich jedoch sicher, zum Beispiel im Kultraum der Festung Hinweise auf die Templer entdeckt zu haben (z.B. die sich in der Basaltwasserschale zu bestimmten Zeiten spiegelnden Sternkonstellationen und die eindeutigen Steinmetzzeichen an der Decke, die man auch in Templerburgen in Spanien und Portugal gefunden hat).

Auch die Kapelle soll Hinweise liefern, bei den Fresken in byzantinischem Stil handelt es sich angeblich um die ältesten des Landes und sie stellen einen Patriarchen und einen Tempelritter dar. Auch der Rittersaal sei von dem Orden erbaut worden, sind sich manche Historiker einig.

Die seriöse Burgforschung allerdings, die nur Handfestes gelten lässt, meint, dass es sich bei dem vermeintlichen Kultraum unter dem Burghof um eine ehemalige Zisterne handelt. Sie habe, ganz wie es sich gehört, einen Wassereinlauf, eine große Schöpföffnung und ein Bodenbecken, in dem sich das Restwasser sammeln kann. In der Tür, die zu dem Raum führt, und in der Aufstellung eines

Altartischs im Nachhinein wittert man eine böswillige Geschichtsfälschung.

Eigenartigerweise hat die verbissene Suche nach Spuren der Templer bisher noch nicht zu einer vollständigen Erforschung des Bauwerks geführt, es werden etliche geheime Gänge und unterirdische Räume vermutet. Auch der einst über 100 Meter tiefe Brunnen müsste noch untersucht werden.

> *Non nobis Domine, non nobis,*
> *sed nomini tuo da gloriam!*
> (Nicht uns, oh Herr, nicht uns,
> sondern deinem Namen gib Ehre!)
> Psalm 115,1/Motto der Tempelritter

Der Orden der Templer wurde während der Epoche der Kreuzzüge, vermutlich um das Jahr 1118, von Hugo von Payens, Gottfried von Saint-Omer und einigen weiteren Adeligen in Jerusalem als erster Ritterorden des Mittelalters gegründet.

Die Zielsetzung des Ordens war, die Pilgerwege nach Jerusalem zu sichern. Erstmals traten auch Mönche in eine Organisation der Krieger und Kämpfer ein, ihre Lebensführung wurde allerdings weiterhin durch die allgemeine klösterliche Ordnung festgelegt. Zwei Jahrhunderte lang führten die Templer erfolgreich Krieg und häuften, unterstützt durch päpstliche Privilegien, von Europa bis in den Nahen Osten Niederlassungen und Eigentum an. Im Jahr 1307 sprach sich Frankreichs König Philipp IV. aufgrund machtpolitischer Überlegungen vehement gegen den Orden aus, der dann unter dem Vorwurf der Häresie (Ketzerei), bestätigt von Papst Clemens V. im Jahr 1312 auf dem Konzil von Vienne, aufgelöst wurde.

Mit der öffentlichen Hinrichtung des letzten Großmeisters der Templer, Jacques de Molay, in Paris im Jahr 1314 auf dem Scheiterhaufen endete die Geschichte des Ordens.

Eine blutige Sage und eine noch blutigere Tatsache

Mit der Theorie, dass auf Burg Lockenhaus Templer gehaust und rituelle Handlungen vorgenommen haben, eng verbunden ist die Sage von der Bluthalle (nach einer Publikation der Freiherren Hormayr und Mednyansky aus dem Jahr 1824):
Beratend und in Gebete vertieft saßen die Ordensbrüder wie so oft im prächtig verzierten Kapitelhaus (dem späteren Rittersaal), als sie die Nachricht von der Hinrichtung ihres Großmeisters in Paris ereilte. Sie beschlossen die Festung nicht mehr zu verlassen und verfielen in tiefe Trauer über den Verrat durch Papst Clemens und den Verlust von Jacques de Molay.

Eines Tages stand ein Herold des Königs Karl I. Robert von Anjou vor dem Tor und verlangte Einlass. Umringt von den Ordensbrüdern verkündete er, dass sein Herr trotz des Konzils von Vienne, auf dem die Auflösung der Templer beschlossen worden war, die Unschuldigen verschonen wolle und ein Gericht einberufen habe, vor dem sich jeder Einzelne rechtfertigen solle.

Einer der Templer erhob sich und verkündete, dass im Bewusstsein ihrer Unschuld kein Einziger der Brüder diese Konfrontation scheue, und forderte schützendes Geleit auf der Reise zum König. Ohne diese Zusicherung wolle keiner der Männer die sichere Burg verlassen.

Schon wenige Tage später traf erneut der Herold ein und überbrachte den Ächtungsbrief, der besagte, dass sich sämtliche Tempelritter von Lockenhaus des Ungehorsams gegenüber dem König schuldig gemacht und damit stillschweigend ihre Schuld eingestanden hätten. Sie wurden für vogelfrei erklärt.

Wieder einige Tage später marschierten bereits Truppen auf, die einen Belagerungsring zogen und die Burg attackierten. Das Eindringen in dieselbe wurde jedoch erst möglich, nachdem einer der Männer einen Abtrünnigen bestochen hatte, der ihm eines Nachts die Pforte öffnete. So wurden die arglosen Ordensbrüder, die im Kapitelhaus versammelt waren, überrumpelt und in weniger als einer Stunde niedergemetzelt. Tief drang das Blut der Templer in den Boden ein und blieb dort bis heute.

Angeblich versuchte man die Flecken wegzuschrubben. Daraufhin soll sich ein fürchterlicher Sturm erhoben haben, der die Burg aus ihren Grundfesten zu heben schien, und wildes Kampfgeschrei, Waffengeklirre und ein Ächzen und Röcheln drangen die ganze Nacht durch das Kapitelhaus. Am nächsten Morgen waren die Blutlachen wieder vorhanden, und seither wagt es niemand mehr, diese entfernen zu wollen. Seit diesem Vorfall wird das Kapitelhaus auch »Bluthalle« genannt, in der in mancher Nacht immer noch die Geister der Templer zu sehen und hören sein sollen.

Noch grausamer und blutiger ging es zu Beginn des 17. Jahrhunderts auf Burg Lockenhaus zu, als die sadistische Elisabeth (ungarisch Erzsébet) Báthory, verheiratete Nádasdy, dort folterte und mordete. Ihre Taten sind unbestritten und historisch belegt, lediglich über die Zahl ihrer Opfer gibt es keine genauen Angaben. Aber es müssen einige Hundert gewesen sein.

Elisabeth wurde 1560 geboren und gehörte einer der mächtigsten ungarischen Familien der damaligen Zeit an. Der Reichtum der Báthory war so gewaltig, dass sogar der ungarische König Matthias II. in ihrer Schuld stand.

Da die Nachkommen der relativ wenigen ungarischen Adelsfamilien nur untereinander verheiratet wurden, kam es im Lauf der Zeit zum Inzest, was eine genetische Degeneration zur Folge hatte.

Elisabeth verlebte keine besonders schöne Kindheit, sie litt an Epilepsie, musste im Alter von neun Jahren mitansehen, wie ihre beiden Schwestern von rebellischen Bauern vergewaltigt und aufgehängt wurden, und wurde bereits mit 15 Jahren von ihren Eltern verheiratet.

Ihren Mann, Franz (ungarisch Ferenc) Freiherr Nádasdy, dem sie fünf Kinder schenkte, soll Elisabeth wirklich geliebt haben, doch kam es, auch aufgrund seiner eigenen Veranlagung, bereits in dieser Zeit zu perversen Handlungen, Franz soll seiner Frau sogar Foltertechniken beigebracht haben.

Als Ungarn von den Türken bedroht wurde, musste Elisabeths Mann in den Krieg ziehen. Franz Freiherr Nádasdy war bekannt für seine Grausamkeit zu seinen Feinden und wurde nicht zuletzt wegen seines schwarzen Harnischs mit dem silbernen Kreuz »der schwarze Ritter« genannt.

Elisabeth langweilte sich, wenn Franz unterwegs war, und nahm sich viele Männer und Frauen zu Geliebten, unter anderem ihre lesbische Tante. Nebenbei beschäftigte sie sich mit Magie, Hexerei und Okkultismus.

Die erste Bluttat dürfte Elisabeth begangen haben, nachdem sie einen ihrer Geliebten dabei erwischt hatte, wie er mit der Küchenhilfe schlief. Sie folterte das Mädchen mit einer Schere, schnitt ihm, als es schrie, die Stimmbänder durch und quälte es zu Tode.

Ab 1594 verbrachte Elisabeth mehrere Monate im Jahr auf Burg Lockenhaus, in der verbleibenden Zeit hielt sie sich auf ihren anderen Burgen und Schlössern auf – und überall, wo sie hinkam, begann sie unverzüglich zu morden.

Als in Lockenhaus und Umgebung die Pest ausbrach, ließ Elisabeth alle Menschen der befallenen Dörfer ringsum begraben, egal ob sie noch lebten oder bereits tot waren. Darüber hinaus befahl sie, alle Juden innerhalb ihres Regierungsbereichs umzubringen, da sie ihnen die Schuld am Ausbruch der Seuche gab.

1604 starb Elisabeths Mann auf dem Schlachtfeld, woraufhin die Gräfin noch hemmungsloser wurde. Ihre Bediensteten suchten ununterbrochen das Land nach unverheirateten jungen Mädchen ab, die mit dem Versprechen einer guten Stellung als Dienerin auf das Schloss gelockt wurden. Elisabeth demütigte, quälte und verstümmelte ihre Opfer auf grausamste Art und Weise, bis sie diese zuletzt tötete. Zum Beispiel wird berichtet, dass die Gräfin die Frauen nackt bei Minusgraden im Burghof zusammentreiben ließ und dann von einem Fenster aus mit eiskaltem Wasser übergoss, bis sie erfroren. Aus den Prozessakten geht hervor, dass Elisabeth ihren Opfern mit den Zähnen das Fleisch von den Knochen riss, ihnen Nadeln in den Körper steckte oder ihnen den Mund zunähte.

Ob sie dabei die Macht über Leben und Tod genoss oder sexuelle Befriedigung suchte, bleibt ungeklärt.

Angeblich hat die Gräfin viele der Mädchen auch in die »Eiserne Jungfrau« gesteckt und langsam das Blut aus den jungen Körpern gepresst. – Allerdings ist man heute der Meinung, dass es die »Eiserne Jungfrau« in der Form, nämlich als Hohlkörper mit nach innen stehenden Nägeln oder Dornen, die sich in das Fleisch des Todeskandidaten bohrten, nie gegeben hat. Viel eher wird angenommen, dass es sich bei dem Folterinstrument um Fälschungen aus dem 19. Jahrhundert handelt, als sogenannte Schandmäntel im Nachhinein mit Nägeln beschlagen wurden. Der Schandmantel war ein Strafinstrument und wurde ab dem 13. Jahrhundert zum Vollzug von Ehrenstrafen eingesetzt, im Zuge derer die Beschuldigten öffentlich zur Schau gestellt und meist von den Bürgern beschimpft, geohrfeigt und mit Unrat beworfen wurden.

Als Elisabeth Báthory sich jedoch selbst an adeligen Mädchen zu vergreifen begann und nachdem sie mehrmals bei Hof angezeigt worden war, wurde sie am 29. Dezember 1610 auf Burg Lockenhaus (im heutigen Nichtraucherraum des Burg-Restaurants) verhaftet. Die Untersuchung des Falls wurde vom ungarischen Vizekönig Graf Georg Thurzó persönlich durchgeführt. Nachdem man Elisabeths Diener unter Folter zur Aussage gezwungen hatte, wurde der Gräfin 1611 der Prozess gemacht. Aufgrund von über 300 Zeugenaussagen (zum Beispiel berichtete der Kastellan des Schlosses Nádasdy, dass während des dortigen Aufenthalts der Báthory insgesamt 174 Mädchen tot aus der Wasserburg getragen worden waren) wurde sie standesgemäß nicht zum Tod verurteilt, sondern zu einer lebenslangen Kerkerstrafe im Turmzimmer ihrer Burg in Cachtice (heute Slowakei), dessen Fenster zugemauert wurden, sodass die Gräfin niemals mehr das Tageslicht erblickte. Am 21. August 1614 um zwei Uhr nachts fand sie ein Wächter tot am Boden liegend auf. Elisabeth Báthory wurde in der Familiengruft der Báthorys auf dem Lamosz-Friedhof in Budapest beigesetzt.

Gemeinsam mit Elisabeth Báthory wurden drei ihrer Dienerinnen und ein Diener verurteilt: Helena Jo (Kindermädchen der drei Töchter der Gräfin, Tod auf dem Scheiterhaufen), Dorothea Széntes (Kammerzofe, Tod auf dem Scheiterhaufen), Katharina Beneczky (Wäscherin, Gefängnis) und Johannes Ujvári (Diener, Enthauptung).

Einer Legende zufolge soll Elisabeth Báthory in dem Blut der von ihr ermordeten jungen Mädchen auch gebadet haben, weil sie sich davon ewige Jugend und Schönheit versprach. Angeblich hatte sie nach dem Ohrfeigen ihrer Zofe, aus deren verletzter Nase einige Blutstropfen auf die Hand der Gräfin gespritzt waren, festgestellt, dass ihre Haut an dieser Stelle plötzlich frischer und glatter aussah.

Ein weiteres Gerücht besagt, dass Elisabeth das Blut getrunken habe. Dieses entstand wahrscheinlich aufgrund der Tatsache, dass die meisten Opfer, die von der Mörderin achtlos irgendwohin (zum Beispiel unter ihr Bett) geworfen und von der Dienerschaft auf den umliegenden Feldern »entsorgt« worden waren, nach den brutalen Folterungen meist relativ blutleer aufgefunden wurden.

API begeben sich im Sommer 2008 auf die Spur des Blutes – sei es das der letzten Templer oder das der gequälten Opfer der grausamen Gräfin!

Das erste Beschnuppern

Erstmalig bin ich mit von der Partie und begleite Uschi und Tina an einem heißen Tag Mitte Juli bei strahlendem Sonnenschein auf einer ersten Erkundungstour durch Burg Lockenhaus.

Mir ist etwas mulmig zumute, da ich schon einige ungute Geschichten über diese Anlage gehört habe: Ein Mann musste nach einem Besuch auf der Burg in die Psychiatrie eingeliefert werden, ein anderer beging nach wochenlangen Arbeiten an der Elektrik in dem Gemäuer Selbstmord.

»Keine Sorge, wenn die Sachen stimmen, die dir erzählt worden sind, haben ›die‹ es offensichtlich eh nur auf Männer abgesehen«, beruhigt mich Uschi grinsend, die mir ansieht, dass ich mich nicht wirklich wohlfühle.

Im Burghof bin ich erleichtert, als ich nett gedeckte Tische und viele sich gut unterhaltende und speisende Menschen erblicke (irgendwie hat die Aussicht auf Essen immer eine wohltuende Wirkung auf mich).

Wir erfahren, dass noch am selben Abend ein Konzert stattfinden soll und daher nur noch bis 19.00 Uhr alle Räume für uns zugänglich sind. Uschi zückt den Fotoapparat, schaltet das Diktafon ein und treibt uns zur Eile.

Während wir als Erstes den »Kultraum« unter die Lupe nehmen, wird mir ein wenig übel, doch ich verbeiße mir tapfer jegliche Bemerkung darüber. »Verdammt, meine Uhr ist stehengeblieben«, fällt mir plötzlich auf. Tina wirft mir einen erschrockenen Blick zu, woraufhin ich geistesgegenwärtig beschwichtige: »Nein, nein, ich hab nur vergessen, sie aufzuziehen.« Uschi grinst wieder, Tina schaut skeptisch. »Ich mag keine Batterieuhren«, füge ich der Glaubwürdigkeit halber hinzu.

Wir halten uns eine Zeit lang im »Kultraum« auf, danach begutachten wir die alte Burgküche aus dem 16. Jahrhundert, in der es riecht wie in einer Selchkammer. Dann steigen wir die Treppe hinauf zu den oberen Räumen, in denen wir außer einigen probenden Musikern nichts Interessantes entdecken.

Wieder unten versucht Tina eine im Boden eingelassene Türe zu öffnen, die laut einer Informationsbroschüre zu dem im 16. Jahrhundert angelegten »Türkenkeller« führen soll, doch diese ist fest verriegelt.

Wir besichtigen die Folterkammer (die, wie wir 14 Tage später vom Burgherrn Andreas Horvath erfahren, zu Báthorys Zeiten ganz woanders war), danach die Kapelle. Dort wundern wir uns über eine anzügliche Skulptur (eine Frau, die mit nach hinten geneigtem Kopf und offenem Mund unter einem Kreuz mit einer Jesus-Figur kniet) und gruselige Gemälde (Bilder von Totenköpfen) an den Wänden.

Wir beschließen, uns noch den Rittersaal anzuschauen und danach etwas essen zu gehen, was mich dankbar dazu veranlasst, meine immer noch latent vorhandene Übelkeit wieder nicht zur Sprache zu bringen.

Uschi bleibt dann jedoch im vorderen Teil der Burg und filmt die Umgebung, während Tina und ich den Rittersaal, eine zweischiffige, frühgotische Halle mit einem von Säulen getragenen Kreuzrippengewölbe, betreten. Ich sehe mich in dem imposanten Saal um, in dem es leider fürchterlich muffig riecht, als mich Tina plötzlich zu sich ruft und mir mitteilt, dass sie etwas entdeckt hätte. Sie öffnet eine kleine versteckte Tür am Ende des Raums, schaltet ihre Taschenlampe ein und betritt den finsteren Gang, der nun vor uns liegt. Ich folge ihr gespannt, nachdem ich Uschi Bescheid gesagt habe, wo wir sind. Wir gelangen in einen großen Raum mit einem Gitter am Boden, das Tina sofort anhebt und mich bittet, es zu halten. Sie steckt, am Boden kniend, ihren Kopf in das dunkle Loch und berichtet, dass sie gar nichts erkennen kann, als Uschi eintritt und trocken meint:»Eh klar, dass ich wieder mal nur Tinas Hintern sehe, wenn ich sie allein irgendwohin gehen lasse!« Ich versuche trotz meines Lachkrampfs das Gitter festzuhalten, während Tina langsam ihren Kopf aus dem Loch zieht.»Da gibt es nichts«, stellt sie enttäuscht fest.

Wir steigen in den Barraum hinauf, um nachzuschauen, ob man auch dort etwas zu essen bekommt, denn mittlerweile sind wir sehr hungrig. In dem Lokal finden wir einige Hinweise auf das Vorhandensein von Hexen oder angekündigte Treffen derselben auf der Burg, woraufhin ich anrege, doch lieber zu versuchen, in dem Restaurant im Hof einen Platz zu bekommen. Auch wegen der Frischluft.

Leider sind alle Tische besetzt, und so betreten wir das Lokal im Innern der Burg, besichtigen den Raum, in dem die Báthory verhaftet worden sein soll, finden es drinnen dann aber viel zu stickig.

Doch wir haben Glück und ergattern nun doch im Hof einen Platz.

Nach dem Essen brechen wir zu einem letzten Rundgang auf, denn das Konzert scheint bald zu beginnen. Neben der Burgküche ist ein kleiner Balkon, auf den wir uns zur Beratung zurückziehen. Tina entdeckt einen kleinen Aufzug, steigt kurzerhand ein und wir folgen ihr neugierig. Dicht zusammengedrängt harren wir der Dinge, die da kommen mögen, während Tina auf den Knopf mit dem »K« drückt (wir scheinen uns auf Ebene 3 oder 4 zu befinden und fragen uns, wie es da noch so tief nach unten gehen kann). Die kleine Kabine beginnt zu ruckeln, bewegt sich aber keinen Zentimeter, und ich reiße in einem Anfall von Klaustrophobie oder Panik generell die Tür auf und hüpfe aus dem Aufzug, gefolgt von Uschi und Tina. Doch zwei Minuten später steigt Tina allein wieder ein, weil sie meint, dass man den Schlüssel, der innen steckt, herumdrehen muss, damit die Kabine losfährt. Und wirklich, gleich darauf sehen wir durch die Glasscheibe ihren Kopf nach unten schweben. Irgendwie sieht sie dabei dermaßen seltsam überrascht aus, dass ich erneut von einem Lachkrampf überwältigt werde, und auch Uschi beginnt, von mir angesteckt, zu kichern. Schon bald stößt Tina wieder zu uns und berichtet, dass sie unten nichts Außergewöhnliches gesehen hätte, wir dort aber auf kürzerem Weg die Burg verlassen könnten. Also steigen wir noch einmal zu dritt in den Aufzug und fahren in den Keller, von dem aus wir ins Freie gelangen.

Hinter der Burg versucht Tina noch einmal irgendwo einzusteigen, dieses Mal ist es eine kleine Ritze in der Außenmauer. Doch zwei Meter hohe Brennnesselstauden verhindern den Zutritt und so muss sie nach kurzem Kampf mit dem Gestrüpp kapitulieren. Während sich auf Tinas geschundener Haut Bläschen bilden, fallen plötzlich Schwärme von Gelsen über uns her und wir laufen fluchend zum Auto. Es ist Zeit, Abschied von Burg Lockenhaus zu nehmen – fürs Erste!

Die Geisterjagd: Ein hektischer Plapperer und ein seltsames Zimmer

Bereits zwei Wochen später stehen Uschi, Tina und ich, mit dabei außerdem mein 14-jähriger Stiefsohn Achim, erneut vor den Mauern von Burg Lockenhaus. Dieses Mal ist es bereits finster, kühl und regnerisch. Wir warten auf Herrn Horvath, der uns um 21.00 Uhr auf dem Parkplatz treffen soll, um uns die Tore zu öffnen.

Pünktlich ist er zur Stelle, geleitet uns in die Burg und führt uns, mit knappen Worten die Geschichte von Lockenhaus schildernd, durch die Räumlichkeiten. Er hat es eilig, daher können wir nur wenige Fragen stellen. Doch wir erfahren immerhin, wo das Schlafzimmer der Báthory gewesen sein soll, und erhalten die Erlaubnis, uns alles anzuschauen und jeden Raum zu betreten, der sich mit dem Generalschlüssel öffnen lässt. Auch den »Türkenkeller« dürften wir besichtigen. Bei der Verabschiedung drückt er Uschi den riesigen Schlüssel in die Hand und bittet uns, diesen am Morgen im Postkasten außerhalb der Burg zu deponieren. Wir holen die restlichen Geräte aus dem Auto, schleppen sie die steile Treppe hinauf und versperren hinter uns das massive Burgtor.

Die Zeit drängt, weil Tina am nächsten Tag arbeiten muss und wir bereits gegen vier Uhr schon wieder aufbrechen sollten. Jetzt ist es 21.30 Uhr. Wir platzieren unsere Taschen und Koffer im ersten Zwischengeschoss oberhalb des »Kultraums« und freunden uns zuerst einmal mit den vielen herumfliegenden Fledermäusen an, in der Hoffnung, dass sie gebührenden Abstand von uns halten. Keiner von uns hat Lust auf Hautkontakt mit den Tieren. Ich stelle erleichtert fest, dass es trotz des unfreundlichen Wetters draußen in der Burg relativ warm ist, und schäle mich aus meiner dicken Wollweste.

Dann starten wir unseren ersten Rundgang, bei dem in der alten Burgküche (»Rauchkuchl«) gleichzeitig die Videokamera und das Diktafon ausfallen, Uschi mehrmals ein leises Wimmern vernimmt und aus dem verriegelten »Türkenkeller« ein Poltern zu hören ist. Die Nacht verspricht interessant zu werden.

Uschi beginnt mit dem Aufbau der Geräte, während wir anderen uns, mit Taschenlampen und Walkie-Talkies ausgerüstet, noch einmal auf Erkundungstour begeben. Wir finden oberhalb der Kapelle einige verschlossene Türen, die Tina mit dem Generalschlüssel öffnet, und entdecken unter anderem ein luxuriöses Gästezimmer (obwohl der eigentliche Hotelbereich außerhalb des Burggebäudes liegt) und oberhalb eines sogenannten Pfaffenzimmers, über eine wacklige Holzwendeltreppe zu erreichen, das von Herrn Horvath erwähnte Báthory-Schlafgemach. In diesem befinden sich ein Bett mit verschmutzter Matratze und ein Nachtkästchen, in beide Möbelstücke sind Pentagramme (Bannzeichen gegen böse Mächte) eingeritzt. Da das Zimmer sehr klein und unscheinbar ist, vermuten wir, dass es sich nicht um den Schlafraum der Gräfin handeln kann, auch wenn uns das erzählt wurde. Wir spüren alle drei eine eigenartige, unangenehme Energie in diesen kargen vier Wänden und beschließen, hier später eine Kamera aufzustellen. Achim fühlt sich nicht wohl und drängt darauf zurückzugehen. Doch Tina deutet erbarmungslos auf die Wendeltreppe, die noch weiter nach oben führt. Wir steigen hinauf und stehen gleich darauf in einem Raum mit einer an der Wand entlangführenden Bankreihe. Sonst nichts. »Was soll das sein?«, frage ich ratlos. »Eine Sauna«, meint Achim grinsend, woraufhin wir in lautes Gelächter ausbrechen. »Wir müssen zurück zu Uschi, die ist jetzt schon seit einer Stunde allein«, dränge ich und so klettern wir die Treppe wieder nach unten. Genervt verdreht Achim die Augen, als Tina noch eine weitere Tür öffnet, die wir vorher offensichtlich übersehen haben, wobei wir ein weiteres schönes Gästezimmer entdecken.

Auf dem Weg zurück zu Uschi entdeckt Tina noch eine verschlossene Tür unten in der Kapelle und sperrt sie auf. Wir finden eine sehr enge Steinwendeltreppe nach oben und beschließen, später nachzusehen, wohin diese führt.

»Die Leute, die damals hier gewohnt haben, müssen sehr klein und dünn gewesen sein, wollt ihr wirklich dort hinaufkraxeln?«, fragt Achim skeptisch mit einem bedeutungsvollen Blick auf Tinas und meine sehr weiblichen Rundungen. Dann verlassen wir den Gebäudetrakt und betreten den Burghof, wo mein Stiefsohn, sichtlich erleichtert, das Gemäuer verlassen zu können, gierig die frische Luft in sich einsaugt.

Uschi ist ein wenig sauer, weil wir so lang weg waren, und wir helfen ihr, die restlichen Geräte aufzustellen und die Diktafone zu platzieren. Vier Kameras nehmen auf Laptop auf, eine davon steht im Rittersaal (»Bluthalle«), eine in der Kapelle, die nächste im »Kultraum« und eine in der »Rauchkuchl«. Tina und ich bauen ein weiteres Gerät in dem angeblichen Báthory-Schlafzimmer auf und setzen uns eine Weile in den Raum, um die Energie zu fühlen. Doch außer dass Tina eine Fledermaus gegen den Kopf fliegt und sie erschrocken aufschreit, was mir wiederum beinahe einen Herzinfarkt beschert, passiert nichts und wir kehren zu den anderen zurück.

Uschi möchte jetzt noch eine an einen weiteren Laptop angeschlossene Kamera auf den offenen »Türkenkeller« richten, doch dieser ist nicht nur mit einem Riegel, sondern auch mit einer Schraube gesichert. Daraufhin wieselt Tina eine halbe Stunde lang durch die Burg, um einen Schraubenzieher zu finden, kehrt jedoch ohne Werkzeug zurück und ärgert sich fürchterlich.

Zögernd bietet ihr Achim sein Messer an, das ihm Tina mit wildem Blick aus der Hand reißt, um damit die Kellertür zu bearbeiten.

»Herr Horvath hat uns erlaubt, das Verlies zu öffnen«, beschwichtigt sie mehr sich selbst als uns, die wir grinsend neben der am Boden werkelnden Tina stehen. Endlich hat sie es geschafft und klettert in das Loch hinunter, doch außer Schutt und einigen Holzstücken ist nichts zu sehen.

Uschi platziert die Kamera und dann beschließen wir, im Rittersaal den ominösen Fleck vom Blut der niedergemetzelten Templer zu suchen. Wir erspähen einige rötliche Spuren auf den alten Steinen, können diese aber nicht eindeutig zuordnen. Uschi möchte nun das »Báthory-Zimmer« sehen und so führen wir anderen sie dorthin. Im Schlafgemach der Gräfin wird Uschi jedoch übel, außerdem beginnt ihr Diktafon wild zu rauschen und so kehren wir in die Kapelle zurück, wo Tina erneut die Tür zu dem steinernen Stiegenaufgang öffnet. Ächzend erklimmen wir vier – Achim unter Protest, doch allein bleiben möchte er auch nicht – geduckt die enge Wendeltreppe, während die Kegel unserer Taschenlampen gespenstisch über die mit Spinnweben behangenen Mauern tanzen, und landen schließlich auf einem kleinen Balkon. Doch es geht noch weiter nach oben und so zwängen wir uns dicht hintereinander die jetzt immer enger werdende Treppe hinauf, bis wir vor einer versperrten Tür stehen. Fluchend rüttelt Tina an der Klinke, doch sie sieht schließlich ein, dass hier weder mit dem Generalschlüssel noch mit Achims Messer etwas zu machen ist, und kapituliert. Nachdem wir die Tür in der Kapelle wieder versperrt haben, zeigen wir Uschi noch die beiden luxuriösen Gästezimmer, dann ist es an der Zeit, die Bänder der Kameras zu wechseln.

Doch zuerst wandern wir durch den riesigen Festsaal, in dem bei unserem letzten Besuch das Konzert stattgefunden hatte. Da wir von dem vielen Stufensteigen auch schon ein wenig müde sind, setzen wir uns auf der oberen Brüstung auf drei der Klappstühle, Achim nimmt weiter unten Platz und filmt zu uns hinauf.

Wir beginnen mit einer Befragung und wollen wissen: »Ist hier jemand?«, woraufhin das Diktafon wieder extrem laut zu rauschen beginnt. Als es nicht aufhört, befiehlt Uschi: »Pst, jetzt sei einmal leise!« Noch bevor ich angesichts dieser schroffen Aufforderung fertig gegrinst habe, verstummen die Geräusche schlagartig. Vorn auf der Brüstung sehe ich einen erstaunten Achim, der trotz seiner Verblüffung tapfer weiter in unsere Richtung filmt, obwohl sich die Kamera zwischendurch zweimal hintereinander von selbst abschaltet.

»Und jetzt langsam, hier ist das Mikro. Sprich deutlich, bitte!«, weist Uschi die Störquelle, die sich eventuell als unruhiger Geist entpuppen könnte, an. Und tatsächlich, das Rauschen beginnt wieder, weit weniger hektisch als vorher. »Der hat aber viel zu erzählen«, stellt Tina trocken fest.

Wir beginnen alle möglichen Fragen zu stellen und hören ein Rauschen, wenn ein »Ja« zu erwarten ist, das Diktafon bleibt stumm, wenn »nein« gemeint zu sein scheint. Die Kommunikation funktioniert offensichtlich tadellos.

Als das Gerät eine Zeit lang keinen Ton mehr von sich gibt, fordert Tina Achim auf, das Band im Báthory-Schlafgemach zu wechseln. Achim, der als Einziger keine Lampe besitzt, meint, dass ich mitgehen müsse, um ihm zu leuchten. Ich biete meinem Stiefsohn meine Stirnlampe an, doch er traut sich nicht allein zu gehen – was er so direkt zwar nicht sagt, denn immerhin ist er 14 und schon ein Mann, aber es ist ihm sehr deutlich anzumerken –, und so begleite ich ihn. Während Achim das alte durch ein neues Band ersetzt, stelle ich fest, dass dieses Zimmer mehr als seltsam ist. Irgendetwas stimmt hier nicht … ich weiß nur nicht, was, und bin gespannt auf die Auswertung der Kamerabilder.

Wieder zurück erklärt Uschi, dass das Diktafon keine Geräusche mehr von sich gibt, und so beschließen wir, eine letzte Runde zu drehen und dann die Kameras abzubauen. Es ist inzwischen 02.30 Uhr.

Nachdem wir uns mit einigen Wurstsemmeln gestärkt haben, fällt Tina ein, dass sie noch das Verlies inspizieren möchte, das sie bei unserem ersten Aufenthalt durch eine Tür vom Rittersaal aus entdeckt hat.

Als wir durch den Eingang den hell erleuchteten Saal betreten, bleiben wir alle gleichzeitig stehen und schauen uns verblüfft an. Die Stühle, die, wie wir uns alle vier einbilden, beim letzten Verlassen des Raums alle ordentlich in Reih und Glied vor den Tischen platziert waren, stehen jetzt auf der linken Seite des Saals wild durcheinander. Wir rücken sie wieder gerade und sind froh, dass wir als Beweis die Kamerabilder haben, die in der Auswertung zeigen müssen, ob die Stühle tatsächlich manierlich bei den Tischen standen, und wenn ja, wer sie dann verstellt hat.

Nach einem kurzen Aufenthalt im Verlies, in dem weder Geräusche zu hören sind noch das EMF-Messgerät eine Schwankung zeigt, marschieren wir zurück zu unserer »Basis«, wo wir erneut einige Wurstsemmeln verdrücken.

Ein letztes Mal ziehen wir los, in erster Linie, um bereits einige Kameras abzubauen, und entdecken dabei noch die Burgbibliothek. In der versperrten Vitrine finden wir unter anderem Werke von Goethe und Kleist sowie ein sehr dickes, sehr altes Buch, das aussieht, als wäre es von Johannes Gutenberg (Erfinder des Buchdrucks mit beweglichen, metallenen Lettern) persönlich im 15. Jahrhundert hergestellt worden. An der Wand hängt ein eigenartiges Gemälde, auf dem auch der Teufel abgebildet ist, was wir als Zeichen sehen, den Raum wieder zu verlassen.

Wir sammeln alle Kameras und Diktafone ein, entwirren den entstandenen Kabelsalat, suchen Uschis Autoschlüssel, den sie gedankenlos in einen der Koffer gepackt hat, schrauben die Tür zum »Türkenkeller« zu, sammeln unseren Mist auf, verabschieden uns von den Fledermäusen, die Achim Max und Moritz getauft hat (wobei es weit mehr als zwei gewesen sein müssen; oder aber genau diese beiden haben uns überallhin verfolgt), und verlassen gegen vier Uhr die Burg und ihre Bewohner. Müde umrunden wir die Außenmauer, deponieren den Schlüssel im Postkasten und machen uns erschöpft auf den Heimweg.

Die Auswertung: »Danke, er hat die Geheimgänge gezeigt«

Einige Tage später steht fest: Wir hatten die ganze Zeit über, in der wir uns in Burg Lockenhaus aufhielten, recht gesprächige Begleiter. Und im Rittersaal wurde gefeiert – ohne uns!

Uschi präsentiert mir das Ergebnis unserer Untersuchung: Wir haben einige EVPs, die meisten davon sind recht deutlich, sowohl zu verstehen als auch im Hinblick auf ihren Inhalt. Größtenteils handelt es sich um männliche »Stimmen«, die uns Verschiedenes mitteilen oder uns zu etwas auffordern. Leider kann Uschi nicht alle Aussagen einem bestimmten Zeitpunkt zuordnen. Fest steht aber, dass »etwas« wünschte: »Kommt her«, während wir das Gemäuer durchstreiften und inspizierten (man hört im Hintergrund unsere Schritte), dann wieder befahl man uns kurz darauf: »Weg hier!«

Des Weiteren wurde uns mitgeteilt »Wir leben, wir leben« und »Wir gehen nie«.

Ein wenig kryptisch klingt folgende Aussage: »Wir gehen mit, für immer wird wehgetan, bitte gib ihnen dieses Zimmer nie wieder.«

Besonders interessant ist folgender Satz, den das Diktafon aufnahm, während Tina den »Türkenkeller« öffnete: »Danke, er hat die Geheimgänge gezeigt.« Wer »er« ist, bleibt allerdings rätselhaft. Achim kann nicht gemeint sein – vielleicht Herr Horvath, der uns erlaubt hatte, das Verlies zu öffnen?

Ein weiterer Satz klingt nach: »Der ist ein Meter, wie's einmal war.« Was mit dieser Feststellung – von einer Frauenstimme – gemeint sein kann, erschließt sich uns leider nicht.

Uschi präsentiert auch noch ein lautes, sehr verzweifelt oder gequält klingendes Stöhnen, das das Mikrofon auf dem Balkon oberhalb der engen Steinwendeltreppe eingefangen hat.

Doch am lustigsten dürfte es während unserer Anwesenheit im Rittersaal zugegangen sein. Nicht nur, dass wir bei einem zufälligen Kameraschwenk über den Burghof eine Gestalt, die in der Tür zum Saal stand, aufgenommen haben, wir haben nach Uschis Materialsichtung auch den definitiven Beweis auf Band, dass die Stühle bei unserer ersten Besichtigung des Kapitelhauses kerzengerade vor den Tischen standen. Wer hat die Sessel verrückt und so schlampig kreuz und quer aufgestellt? Unsere Hoffnung, den Übeltäter gefilmt zu haben, wird enttäuscht. Uschi meldet: »Wir hatten ab 01.15 Uhr einen totalen Ausfall, keine der vier aufgestellten Kameras hat aufgezeichnet, obwohl sie während der ganzen Zeit ›Record‹ anzeigten.«

Die grausame Gräfin Elisabeth Báthory selbst hat uns leider

nicht die Ehre erwiesen, mit uns zu kommunizieren oder sich zu zeigen – wahrscheinlich spukt sie lieber in der Slowakei als im Burgenland.

HEILSTÄTTEN BEELITZ
(Brandenburg, Deutschland)

Zur Geschichte der Heilstätten Beelitz

Die Lungenheilstätten und Sanatorien wurden von 1898 bis 1930 als das größte Heilstätten-Bauprogramm Europas von der Landesversicherungsanstalt Berlin mitten im Beelitzer Stadtwald und südlich von Potsdam errichtet. Die 1995 unter Denkmalschutz gestellte Anlage stellt mit 60 Gebäuden auf einer Fläche von etwa 200 Hektar einen der größten Krankenhauskomplexe im Berliner Umland dar. Sie liegt an der Bahnstrecke Berlin–Güsten und wird von dem Schienenstrang in der Mitte geteilt.

Mit hohem medizinischem Aufwand war in den Heilstätten Beelitz unter anderem die Tuberkulose als schwere, ansteckende Lungenkrankheit bekämpft worden. Erstmalig wurde hier die Theorie, dass die Stärkung des Organismus und die medizinische Behandlung als eine Gesamtheit anzusehen sind, besonders im Frühstadium der Krankheit, in die Praxis umgesetzt. Auch die Voraussetzungen, Patienten in einer ruhigen, rauch- und staubfreien Umgebung zu kurieren, waren im Beelitzer Stadtwald gegeben.

Im Jahr 1898 begann man mit dem Bau der zwei Heilstätten nördlich der Bahn und den zwei Sanatorien südlich (hier behandelte man vorwiegend nicht ansteckende Krankheiten wie Stoffwechselstörungen, Herz- und Nervenleiden, Gicht oder Rheuma). Die Bereiche wurden nach Geschlechtern getrennt, im westlichen Teil der Anlage waren die Frauen untergebracht sowie die Gebäude, in denen man nur Frauen beschäftigte (Waschhäuser, Küchengebäude), im östlichen die Männer und jene Gebäude, in denen nur Männer arbeiteten (Werkstätten, Fuhrpark, Heizhaus). Dazwischen verlief eine breite Landstraße. Gemischter Zugang war nur in der Kirche (existiert heute nicht mehr) und dem zentralen Badehaus vorgesehen.

In der ersten Bauphase bis 1905 entstanden moderne Patientenzimmer mit insgesamt 600 Betten, ein Krankenpavillon, Liegehallen und Terrassen, wobei alle Aufenthaltsräume aufgrund des direkten Sonneneinfalls streng nach Süden ausgerichtet waren. Die

Außenanlage bepflanzte man mit vielen Kiefern und Laubbäumen, weitläufige Spazierwege wurden angelegt.

In der zweiten Phase bis 1908 entstanden weitere Gebäude mit 300 Betten sowie Betriebs- und Nebengebäude, Wohnhäuser für Ärzte, Beamte und Angestellte (mit insgesamt nochmals rund 300 Schlafplätzen) sowie zusätzliche Wirtschaftsgebäude (Postamt, Restaurant, Gärtnerei, Stallungen, Werkstätten, zwei Küchen, zwei Waschküchen, eine eigene Bäckerei und Fleischerei). Somit konnten sich die Heilstätten selbstständig versorgen (es wurden dort zu dieser Zeit im Lauf eines Jahres über 30.000 Brote und eine Million Semmeln gebacken, außerdem wöchentlich ca. 25 Schweine und fünf Rinder aus eigener Mast geschlachtet). Das Heiz- und Maschinenhaus und ein mehr als zehn Kilometer langes Kanalnetz versorgten das gesamte Areal mit Energie, Trink- und Warmwasser. Das Kraftwerk ist heute ein technisches Denkmal.

Im Ersten Weltkrieg bezog das Militär die Beelitzer Heilstätten, das Gelände wurde vom Roten Kreuz als Lazarett genutzt. Auch Adolf Hitler, damals noch einfacher Soldat, wurde im Jahr 1916 dort versorgt. Nach dem Krieg standen die Heilstätten wieder der Bevölkerung zur Verfügung und waren nur vorübergehend während der Wirtschaftskrise und der Inflation geschlossen.

Im Rahmen der dritten Bauphase von 1926 bis 1930 entstanden der Neubau der Zentralwäscherei und der Chirurgie-Pavillon auf dem Gebiet der Lungenheilstätte für Frauen. Die Lungenchirurgie wurde jedoch durch die rasch aufkommende Chemotherapie der Tuberkulose weitgehend abgelöst.

Im Zweiten Weltkrieg nutzte das Militär die Heilstätten erneut als Lazarett und Lungenheilstätte, in dieser Zeit wurde die Anlage erstmals stark beschädigt. Die Kirche wurde zur Gänze zerstört und abgerissen, vom Ärztewohnhaus blieb nur noch ein Rest des Erdgeschosses übrig.

Nach Kriegsende erklärten die russischen Armeen das Gelände zur militärischen Sperrzone, die Heilstätten Beelitz dienten bis 1994 als größtes Militärhospital der sowjetischen Armee außerhalb der Sowjetunion. Auch der an Leberkrebs erkrankte Erich Honecker wurde hier behandelt, bevor man ihn und seine Frau Margot im März 1991 nach Moskau ausflog.

1994 wurde das Gelände an die Landesversicherungsanstalt Berlin rückübertragen. Da sich diese eine Sanierung der 1995 unter Denkschmalschutz gestellten Anlage jedoch nicht leisten konnte, verkaufte sie die Heilstätten an eine Tochterfirma der Unternehmensgruppe Roland Ernst.

1997 begann man mit der Wiederinstandsetzung einiger Häuser und der Umgestaltung zu Kur- und Reha-Kliniken. Zudem wurden ein Parkinson-Fachkrankenhaus und eine Akademie zur Ausbildung in Pflege- und Gesundheitsberufen eingerichtet. Außerdem entstanden Wohn- und Einfamilienhäuser, der Standort sollte zu einem neuen Beelitzer Ortsteil für rund 3000 Einwohner und mit rund 1000 Arbeitsplätzen entwickelt werden. Das Wasserwerk der Heilstätten wurde modernisiert und erweitert.

Als Folge der Insolvenz der Eigentümergesellschaft im Jahr 2001 gerieten der weitere Ausbau und die Restaurierung ins Stocken. Auch die Sanierung der Denkmalsubstanz wurde weitgehend eingestellt, zahlreiche historische Gebäude, teilweise von Vandalismus stark beschädigt, sind vom Verfall bedroht.

Die Heilstätten Beelitz mit ihren wunderschönen Gebäuden im »Dornröschenschlaf« stellen ein beliebtes Motiv für Filmproduktionen dar. Unter anderem wurden hier Teile von Roman Polanskis »Der Pianist« gedreht.

Ein wenig Melancholie umweht nun nur noch die verlassenen Liegestühle auf den Terrassen mit ihrem abblätternden Weiß, von Spinnweben durchwoben, und den verfallenen Flügel im Salon des Sanatoriums, von dem einst Chopins Etüden erklungen sein mögen! Die fin-de-siécle-Welt der frühen Tuberkulosejahre, sie ist versunken, die Stimmen all der Menschen, die diese Liegehallen einst mit ihrer Lebhaftigkeit oder Lethargie, mit ihren Hoffnungen und Verzweiflungen, mit ihren Leidenschaften oder Entsagungen erfüllten, sie sind längst

verklungen, die Tuberkulösen mit ihren jungen Traurigkeiten und kleinen Glücken längst zu Staub zerfallen …
(Dr. Dietrich Reimers: »Phthise und Kunst«, in: »100 Jahre Deutsches Zentralkomitee zur Bekämpfung der Tuberkulose«, gefunden auf: www.silenthalls.de)

Zur Jahrhundertwende litten in Deutschland rund eine Million Menschen an Tuberkulose, besonders betroffen waren Arbeiter und Tagelöhner. Als Hauptursache für den Ausbruch der TBC gelten katastrophale hygienische Bedingungen, fehlende gesundheitliche Vorsorge und Mangelernährung. Im letzten Jahrzehnt des 19. Jahrhunderts wurde jeder dritte Todesfall auf die »Schwindsucht« zurückgeführt. 1882 entdeckte Robert Koch den Erreger der Tuberkulose, das Tuberkel-Bakterium, und entwickelte daraus den Impfstoff Tuberkulin.

Heute wird die Krankheit, an der weltweit immer noch etwa 1,6 Millionen Menschen jährlich sterben, mit Antibiotika bekämpft. Zu den Symptomen der TBC, die sich durch die Luft verbreitet und vorwiegend die Lunge befällt, gehören erhöhte Temperatur, Husten, Nachtschweiß und Appetitlosigkeit. Die Weltgesundheitsorganisation (WHO) will die Tuberkulose bis 2050 eliminiert haben.

Der »Rosa Riese« und seine Opfer

Sechs Morde an fünf Frauen und einem Säugling sowie drei Mordversuche gestand der ehemalige Polizeibeamte und Erntehelfer Wolfgang Schmidt, als er im August 1991 in Rädel bei Beelitz verhaftet wurde. Schon als Kind soll der über 1,90 Meter große Mann seine Vorliebe entdeckt haben: Damenunterwäsche. Als Jugendlicher, in den frühen 1980ern, begann Schmidt davon zu träumen, bei sexuellen Handlungen BH und Slip zu tragen. Da er aber niemanden fand, der seine Fantasien teilte, begann er zu töten. An den Leichenfundorten hinterließ der Mörder immer wieder rosafarbene Frauenkleidungsstücke, was ihm den Namen »Rosa Riese« eintrug. Wolfgang Schmidt ging auch als »Bestie von Beelitz« in die Geschichte ein:

Am 18. März 1991 wurde beim Kreiskriminalamt Belzig die 34jährige Inge Neudeck von ihrem Ehemann als vermißt gemeldet. Fünf Tage zuvor war die Frau letztmalig gesehen worden, als sie sich gegen 17.30 Uhr nach dem Besuch einer Freundin in Neuendorf auf den Heimweg gemacht hatte. Am 19. März stieß man schließlich auf ihre mit Moos bedeckte Leiche in einer Schonung zwischen den Ortschaften Neuendorf und Borkheide. Inge Neudeck war einen grausamen Tod gestorben – der Mörder hatte ihr die Halsschlagader aufgeschlitzt. Sperma in Mund, Scheide und After des Opfers deuteten zweifelsohne auf ein Sexualverbrechen hin. Wie schon bei dem Mord in Ferch fand man in unmittelbarer Nähe der Leiche eine Vielzahl weiblicher Unter- und Oberbekleidung, wobei sechs Schlüpfer links gewendet ineinandergesteckt waren. 300 Meter vom Leichenfundort entfernt lag weitere Damenunterwäsche: kreisförmig aufgeschichtet, dazwischen Pornohefte und zwei Kirchenkerzen. Ein unheimliches Szenario! ...

... Nunmehr stand zweifelsfrei fest: in den Wäldern rings um Beelitz wütete ein Serienmörder.

Nach dem Mord an Inge Neudeck hatte man am Tatort auch einen rosafarbenen Rock gefunden. Weil früher schon im selben Waldgebiet Frauen von einem hünenhaften Mann belästigt worden waren, hatte der unbekannte, offenbar fetischistisch veranlagte Mörder, bei den Boulevardblättern schnell einen Namen: »Rosa Riese«!
(Stephan Harbort: »Das Hannibal-Syndrom – Phänomen Serienmord«, Militzke Verlag, Leipzig, 4. Auflage 2003)

Anfang Dezember 1992 wurde in Potsdam das Urteil über Wolfgang Schmidt verkündet: 15 Jahre Freiheitsstrafe, doch zuvor Einweisung in ein psychiatrisches Krankenhaus.

Der Fall des Wolfgang Schmidt ist ein rabenschwarzes Kapitel in der Geschichte des Journalismus. Seine Verlobte war schwanger, als man ihn verhaftete. Der öffentlichen Aufforderung »Treib das Kind vom Rosa Riesen ab« konnte sie sich natürlich nicht entziehen: »Auf einmal meinten alle zu mir: ›Treib den Satans-Braten ab. Sonst wird das Kind auch mal zum Mörder. Du weißt schon, schlechtes Blut und so!‹«

… Wolfgang Schmidt hat, so unfaßbar das klingt, nicht töten wollen. Seine Opfer sollten mittun. Daß sie tot waren, ist ihm nicht bewußt gewesen, als er sich an ihnen verging. Erst im Abstand erkannte er, daß er das Ziel seiner kranken Wünsche wieder nicht erreicht hatte …

… Als Schmidt gestern aus dem Saal geführt wurde: Wieder weint er. Mitleid – mit sich selbst!

(Gerhard Mauz, DER SPIEGEL 50/1992 vom 07.12.1992)

Die grausam gequälten und getöteten Opfer des »Rosa Riesen«, fünf Frauen und ein Säugling, sollen sich als geisterhafte Erscheinungen auf das Areal der Lungenheilstätten und Sanatorien zurückgezogen haben und dort ihr Schicksal beklagen.

Es existieren zahlreiche Berichte über Sichtungen heller Gestalten, die knapp über dem Boden durch die riesigen Hallen des Komplexes schweben, außerdem sollen in einigen der Gebäude kläglich jammernde Frauenstimmen und gellendes Babygeschrei aufgenommen worden sein. Einzelne Personen wollen auch schaurig klingende Hilferufe vernommen haben.

All diese Erzählungen haben Uschi von den API neugierig gemacht, und so beschließt sie im August 2006, rund 15 Jahre nach der Ergreifung von Wolfgang Schmidt, zu ihrer Freundin Claudia nach Berlin zu fliegen und bei dieser Gelegenheit auch gleich den Heilstätten Beelitz einen Besuch abzustatten.

Die Geisterjagd: Ein menschliches »Ich will hier raus«

Während eines gemütlichen Kaffeetratsches unterrichtet Uschi Claudia von ihrem Vorhaben, in der Nacht zu den Sanatorien zu fahren, um Geister verstorbener TBC-Patienten oder sogar die Opfer des »Rosa Riesen« aufzuspüren. Die Freundin ist wenig begeistert, doch nach einigem Zögern erklärt sie sich bereit, Uschi nach Beelitz zu begleiten, stellt aber auch sofort klar, dass sie das Areal der Lungenheilstätten nicht betreten wird. Die Freundin ihres Sohnes, Jasmin, die von dem Gespräch erfährt, ist jedoch sofort Feuer und Flamme und möchte Uschi bei der Geisterjagd unterstützen. Gegen ein Uhr nachts brechen die drei Frauen auf und parken vor dem Haupttor des vordersten Gebäudekomplexes. Irritiert deutet Claudia auf eine Gruppe junger Leute, die in dem Moment, als Uschi den Motor abstellt, mit Taschenlampen bewaffnet das Gelände verlassen und hektisch plappernd davoneilen.

Claudia wird klar, dass sie sich allein im Auto genauso fürchten wird wie vor den Geistern, die sie in den Hallen des Sanatoriums vermutet, und folgt den beiden Frauen widerwillig durch das Eingangstor. Uschi eilt voraus und verkündet, als Erstes die Chirurgie aufsuchen zu wollen, was Claudia ein gequältes Seufzen entlockt.

»Nachdem wir uns einige Male verlaufen hatten, landeten wir endlich vor dem Raum, in dem früher die chirurgische Abteilung untergebracht war. Hier hörte ich den Satz ›Da geh ich aber nicht hinein‹ von Claudia das erste von ca. 100 Mal in dieser Nacht«, lacht Uschi sich erinnernd. »Ich war zu diesem Zeitpunkt schon in der Halle. Dort sah es aus wie in dem Horrorfilm ›Silent Hill‹, den ich mir erst wenige Wochen vor meiner Reise nach Berlin angesehen hatte. Alles war mit einem grauen Schleier bedeckt und von irgendwoher erklang das monotone Geräusch von zu Boden fallenden Wassertropfen.«

Claudia, die das Tonbandgerät umgehängt und den EMF-Messer in die Hand gedrückt bekommen hat, betritt zögernd den Raum. »Ich will hier raus, ich will hier raus ...«, hört Uschi ihre Freundin flüstern, während sie fotografierend herummarschiert und Jasmin die Kamera in die Hand nimmt und filmt.

Nachdem sich Claudia beruhigt hat, steigen die drei Frauen über die Treppe in den ersten Stock hinauf und betreten einen endlos lang scheinenden Gang, der so dunkel ist, dass man nicht einmal bis an sein Ende sehen kann. Obwohl überall die Türen und Fenster offen stehen, ist kein Lufthauch zu spüren.

Plötzlich sagt Jasmin leise: »Da vorne … da vorne war ein Schatten. Der hat sich bewegt. Himmel, was ist das?« Uschi dreht sich um und blickt in Claudias bestürztes Gesicht, sieht die Tränen der Verzweiflung, die gleich darauf aus ihren Augen und über die Wangen laufen und beschließt, die Tour abzubrechen. Claudia verspricht Uschi stammelnd, aber sehr erleichtert, dass sie in der darauf folgenden Nacht noch einmal zu den Heilstätten fahren würden, dieses Mal mit ihrem Mann.

Am nächsten Abend machen sich die drei Frauen, mit einem zweifelnden Ehemann namens Andreas im Anhang, erneut auf den Weg zu den Heilstätten. Dort angekommen besuchen sie das »Sechser Top«, ein Lokal am Rand des Geländes, das von einem gebürtigen Linzer geführt wird. Der Wirt erzählt seinen Gästen, dass er schon einmal selbst die Gemäuer erkundet und dort Schreie gehört habe. Nach einem starken Kaffee, der die Geisterjäger die ganze Nacht wachhalten soll, bezahlen die vier und verlassen die Kneipe. Doch schon nach wenigen Schritten Richtung Haupttor der Anlage läuft ihnen der Wirt nach und flüstert verschwörerisch, dicht vor Uschi stehend: »Das wollte ich drinnen nicht sagen, aber meine Gattin hat einmal am Weg vor einem Gebäude auf dem Areal, als sie mit unserem Hund spazieren gegangen ist, eine Person getroffen, die mitten durch sie durchging. Sie hat vorher gehört, was ihr vorhabt, und meinte, ihr müsst euch unbedingt die Bettenstation anschauen.« Mit diesen Worten dreht der Mann sich um und verschwindet im Dunkeln.

Und so machen sich eine aufgeregte Jasmin, eine ängstliche Claudia, eine gespannte Uschi und ein skeptischer Andreas auf den Weg zur Chirurgie. Als sie an einem Pavillon vorbeikommen, meint Uschi darin eine Bettenstation zu erkennen und betritt neugierig das halb verfallene Gebäude. Innerhalb der Mauern ist es schmutzig und staubig, am Boden liegt Gerümpel herum, darunter auch Fetzen von Kleidungsstücken. Die Geisterjäger schauen sich neugierig in der riesigen Halle um, während ihre Schritte und Stimmen laut durch die Nacht hallen. Da die vier nichts Auffälliges entdecken, verlassen sie das Gebäude wieder und treten hinaus in die Dunkelheit.

Während Jasmin und Andreas die Gegend filmen, Uschi fotografiert und Claudia, die sich aufgrund der Anwesenheit ihres Ehemanns viel sicherer fühlt als am Vortag, das eingeschaltete Diktafon und den EMF-Messer trägt, marschieren sie weiter Richtung Chirurgie.

Dieses Mal gehen die Geisterjäger alle Stockwerke durch bis hinauf zum Dachgeschoss. Warmer Dunst schlägt ihnen entgegen, als sie erschöpft oben ankommen, die Luft scheint hier zu stehen, kein Laut ist zu hören. Jasmin wird plötzlich übel und sie geht allein wieder hinunter.

Als jedoch eine Stunde später, gegen zwei Uhr nachts, immer noch nichts Besonderes zu sehen oder hören ist, beschließt Uschi müde, die Jagd abzubrechen, nicht ohne für sich selbst längst beschlossen zu haben, bald zu den Heilstätten zurückzukehren.

Wie erwartet haben die Auswertungen des Filmmaterials beider Nächte nichts ergeben und aus dem Diktafon tönten ausschließlich Claudias verzweifelte Rufe: »Ich will hier raus.«

Der nächste Anlauf: Alles andere als nur heiße Luft

Einen Monat später fliegt Uschi erneut nach Berlin zu ihrer Freundin. Sie erfährt, dass Jasmin dieses Mal bei der Geisterjagd nicht mit von der Partie sein wird, dafür ein weiterer Mann, ein Freund von Claudia und Andreas namens Ossi.

Noch am selben Abend macht sich die Truppe abenteuerlustig auf den Weg zu den Heilstätten Beelitz, selbst Claudia ist aufgeregt und freut sich auf die bevorstehenden Ereignisse. Auf dem Gelände angekommen werden die Aufgaben verteilt: Ossi und Andreas sollen filmen, Uschi möchte wieder mit dem Fotoapparat herumgehen und Claudia trägt in altbewährter Art und Weise das Diktafon und das EMF-Messgerät.

Doch schon bald bemerkt Uschi, dass in dieser Nacht etwas anders ist, anders als bei den früheren Besuchen. Während die vier das Parterre durchstreifen, knarren ständig irgendwo Türen und leise Stimmen sind zu hören. Stunde um Stunde vergeht mit dem Inspizieren der vielen Hallen. Als Andreas gegen Mitternacht allen voran einen der letzten zu besichtigenden Räume im Erdgeschoss betritt, prallt er entsetzt zurück und stottert, offenbar zu Tode erschrocken, dass ihm aus dem Innern eine eisige Kältewelle entgegengeschwappt sei. Uschi startet sofort eine Befragung, während sich Ossi und Claudia neugierig umsehen.

»Das war echt gruselig«, schildert Uschi, »in dem gesamten Gebäude hatte es bestimmt an die 20 Grad und in dieser kleinen Halle schien die Temperatur um den Gefrierpunkt zu liegen.«

Andreas betritt den Raum nach einigem Zögern ebenfalls, doch schon kurze Zeit später spielen seine Nerven nicht länger mit und er läuft wieder hinaus. Die anderen folgen ihm nach einigen Minuten und Uschi meint, dass sie genug Material gesammelt hätten und die Geisterjagd hiermit beendet sei, was Claudias Ehemann mit einem erleichterten Seufzer quittiert.

Die Auswertung: »Und wie war die Kälte?«

Zu Hause angekommen fällt Uschi fast aus allen Wolken, als sie bemerkt, dass sie beim Abhören des Diktafons regelrecht angebrüllt wird. »Ich bin ewiger ... immer!«, wird die Geisterjägerin von einer lauten, männlichen Stimme angeherrscht, eine andere ruft: »Claudia, geh nicht herein.«

»Ich habe mich sehr gewundert«, meint Uschi nachdenklich, »denn eigentlich hat noch nie zuvor ein ›Geist‹ den Namen von einem von uns ausgesprochen.« Unklar ist auch, warum gerade Claudia gewarnt wurde.

Eine andere, aggressiv klingende Stimme kreischt hämisch:

»Und wie war die Kälte?« Hatte ein Gespenst den nächtlichen Besuchern von Beelitz einen Streich gespielt, indem es die Temperatur in diesem einen Raum im Erdgeschoss absenkte?

Da diese Auswertung Uschis Neugierde nicht befriedigt, ruft sie nach getaner Arbeit ihre Freundin Tina an und verkündet, keinen Widerspruch duldend: »Ich fahre noch einmal nach Beelitz. Und dieses Mal kommst du mit!«

Doch es sollten zwei Jahre ins Land ziehen, bevor die zwei Frauen mit ihren Berliner Freunden erneut das Gelände der Heilstätten Beelitz betreten.

Das vierte Mal in Beelitz: Ein verschreckter Wachmann und viele aufgehende Türen

An einem sehr kühlen Abend im Oktober 2008 fahren insgesamt sechs Leute von Berlin nach Beelitz: Uschi, Tina, Claudia, deren Freundin Heidi, Heidis Tochter und deren Freundin. Gegen 22.30 Uhr trifft die aufgeregte Gruppe auf dem Gelände ein und Uschi verkündet ihren Plan, dieses Mal das Hauptaugen- und -ohrenmerk auf zwei Gebäude zu richten, auf das Labor und das Frauensanatorium.

Aufgrund von Unstimmigkeiten innerhalb des »Anhangs« verkündet Tina, dass sie und Uschi allein losziehen wollen, und sie schickt Claudia, Heidi, deren Tochter und ihre Freundin zur Chirurgie. Die beiden Frauen verkabeln das andere Team und statten sie mit Walkie-Talkies aus, danach trennen sich ihre Wege.

Im Frauensanatorium angekommen beginnen Uschi und Tina zu filmen, dieses Mal kommt eine Kamera mit UV-Filter bzw. X-Ray Filter (X-Ray ist die englische Bezeichnung der Röntgenstrahlung) zum Einsatz; dabei wird ein Durchlassfilter verwendet, da angenommen wird, dass auch im unsichtbaren UV-Licht gewisse Energien sichtbar werden.

Die beiden Geisterjägerinnen erkunden den ersten Stock, das Untergeschoss und den Keller, kehren jedoch bald wieder um, da sie befürchten, sich in den Verzweigungen der unzähligen Gänge zu verirren.

Im Erdgeschoss angekommen rauscht plötzlich das Walkie-Talkie: »Kommt schnell runter … hier ist die Hölle los … keiner geht mehr rein … da sitzt ein verschreckter Mann vom Wachdienst, der vor lauter Angst schon um Verstärkung angesucht hat, aber nicht bekommt … hört ihr uns? … kommt runter!«

Tina verdreht die Augen und vermutet, dass die »Greenhorns« maßlos übertreiben. Sie beschließt, im Frauensanatorium zu bleiben, während Uschi über den Hauptweg Richtung Chirurgie läuft, auf dem ihr fünf gestikulierende und laut durcheinanderschnatternde Gestalten entgegenkommen. Aufgeregt deuten sie auf das Gebäude, in dem früher die Chirurgie untergebracht war, unter ihnen der Wachmann einer Security-Firma, der, wie sich herausstellt, das Areal vor übermütigen und vandalisierenden Jugendlichen schützen soll. Uschi blickt ratlos von einem zum andern, während sich der Wachmann erfreut über ihre Anwesenheit zeigt, da er die Geisterjäger von einem Bericht aus dem Fernsehen kennt.

Nach und nach, sich den Inhalt aus durcheinandergerufenen Schreckensbekundungen zusammenreimend, erfährt Uschi, was passiert ist: Team 2 ist wie vereinbart zur Chirurgie gegangen, indem es am Haupteingang gleich nach rechts marschierte, wo ein langer Gang mit weit geöffneten Türen und Fenstern zum Ostaufgang führt. Offensichtlich war die Stimmung in dem Gebäude so gruselig, dass Heidi, die feinfühliger zu sein scheint als die anderen, schon nach wenigen Metern zurückgehen wollte, weil sie es an diesem Ort nicht aushielt. Als die Gruppe dennoch weiterging, sah sie plötzlich ein Licht am Ende des Gangs, das sich als der Schein einer Taschenlampe des Wachmanns Mario entpuppte, der ihnen entgegenlief und erklärte, wie froh er war, nicht mehr allein in dem Haus zu sein. Er behauptete, dass es seit Stunden poltere, Türen auf und zu knallten und Stimmen zu hören waren.

»Und dann«, schließt Heide die Berichterstattung, »haben wir alle gemeinsam gesehen, wie plötzlich eine Tür aufgesprungen und gleich darauf mit einem lauten Knall wieder ins Schloss gefallen ist. Danach sind wir hinausgelaufen und haben dich gerufen.«

Mittlerweile hat sich Marios Freundin zu der Gruppe gesellt, die gekommen ist, um ihrem Liebsten Beistand zu leisten, da der angeforderte zweite Mann von der Wachfirma nicht genehmigt wurde. Uschi bittet Tina via Walkie-Talkie, zum Hauptweg zu kommen, und bringt sie mit knapper, nüchterner Schilderung auf den Stand der Dinge. Dann nehmen die beiden Geisterjägerinnen Mario und seine Freundin unter ihre Fittiche und machen sich zu viert auf den Weg zur Chirurgie, während die anderen beschließen, das Gelände zu verlassen, da sie der Meinung sind, genug gesehen und gehört zu haben.

Im Gebäude angekommen stellt Uschi eine Kamera in dem Raum auf, in dem Mario Wache halten soll, drückt ihm ein Walkie-Talkie in die Hand und nimmt gemeinsam mit Tina alle Geschosse noch einmal unter die Lupe. Als sich nach rund einer Stunde nicht das Geringste ereignet hat, gehen die beiden Geisterjägerinnen zurück zu Mario und seiner Freundin, die gerade mit drei Burschen sprechen. Es stellt sich heraus, dass die jungen Männer gekommen sind, um sich in der Chirurgie umzusehen, da sie gehört haben, dass es dort spuken soll.

Erneut werden API erkannt und aus Freude darüber schlägt Uschi den Burschen vor, sie bei ihrer Inspektion zu begleiten, was Mario mit einem Augenzwinkern genehmigt.

Doch bereits etwa zehn Minuten und 50 Meter später ist die Tour für die drei jungen Leute fürs Erste vorbei. Als sie nämlich, flankiert von Uschi und Tina, um eine Ecke biegen und sich vor ihren Augen eine Tür öffnet, stehen ihnen die Haare zu Berge und sie beschließen, das Experiment abzubrechen. Gemeinsam mit Uschi laufen sie zurück zur Standkamera, die zuvor am Anfang des Gangs platziert wurde, und schütteln nur noch voller Unverständnis ihre Köpfe, während Uschis einzige Sorge der Aufnahme gilt. Fluchend stellt die Geisterjägerin fest, dass das Band schon seit einigen Minuten aus ist und das Phänomen der von allein aufspringenden Tür somit nicht festgehalten wurde. Tina wechselt das Band und legt sich dann gemeinsam mit Uschi und den Burschen, die wieder etwas Mut gefasst haben und offensichtlich vor den Frauen nicht als Feiglinge dastehen wollen, auf die Lauer. Doch nichts passiert!

»Da hab ich die Jungs überredet, uns auf eine Besichtigungstour in die oberen Stockwerken zu begleiten. Wohl war ihnen nicht«, kichert Uschi,»aber da sie uns aus dem Fernsehen kannten, vertrauten sie uns und stimmten zu. Sie waren sogar ein bisschen stolz, weil sie bei einer echten Geisterjagd dabei sein durften. Und die haben ja auch genau gewusst, dass sie allein nie so weit kommen würden, weil sie vorher längst die Flucht ergriffen hätten.«

In den oberen Stockwerken passiert dann allerdings rein gar nichts.

Wieder unten angekommen berichtet Mario, dass er erneut ein Krachen und auch Stimmen vernommen habe. Und tatsächlich steht eine der Türen, die vorher geschlossen war, sperrangelweit offen. Während sich Uschi freut, dass der Vorgang dieses Mal auf Band ist, springt vor den Augen aller eine andere Tür auf.

Die drei jungen Männer verabschieden sich daraufhin ziemlich rasch und recht blass um die Nasenspitze und auch für die Geisterjägerinnen ist es Zeit zu gehen, da es mittlerweile vier Uhr morgens geworden ist. Uschi und Tina verabschieden sich von Mario und seiner Freundin und treten in die kühle Nacht hinaus, wo sie bereits von Claudia, die sie zum Flughafen bringen soll, erwartet werden.

Die Auswertung: Die Türen und ein fröhlicher Sänger

Wie vermutet sind die sich von Geisterhand öffnenden Türen tatsächlich auf Band.

»Eines möchte ich anmerken«, stellt Uschi klar,»es ist auszuschließen, dass ein Luftzug dieses Phänomen verursacht hat. Erstens ist es in dieser Nacht völlig windstill gewesen, zweitens waren alle Fenster geschlossen und drittens haben die meisten Türen geklemmt und mussten von uns zugedrückt werden. Es ist unmöglich, dass nur eine leichte Berührung oder eben ein Luftstoß ausreicht, diese schweren Holzplatten in Bewegung zu setzen.«

Uschi berichtet außerdem stolz von den vielen EVPs, die sie eingefangen hat: »Einige davon bereits vor der Chirurgie, also noch im Freien.«

Die Tonbandstimmen sind auch relativ deutlich, einmal heißt es zum Beispiel resolut: »Wir spielen allein«, dann erklingt die Bitte: »Kommt her … komm rüber«, einmal ist ein »Kind weint Mama« zu hören, danach die unwirsche Frage: »Was machen Sie da?« Interessant ist, dass auch ein Name fällt, deutlich klingt ein »Hallo Heidi« aus dem Aufnahmegerät.

Und dann wäre da noch ein singender Mann, der sich offensichtlich wohlfühlt und lustig vor sich hin trällert. Die Geister von Beelitz sind also nicht unbedingt verzweifelt oder traurig, sondern höchstens resolut, einige davon aber auch freundlich, ja sogar fröhlich.

BURGRUINE GARS, FREILICHTBÜHNE
(Niederösterreich)

Zur Geschichte der Burgruine Gars

Die mitten im Waldviertel, weithin sichtbar auf dem terrassenförmigen Gelände des Thunauer Schlossbergs über dem Doppelort Gars (am Kamp)-Thunau thronende Burg ist die älteste Burganlage Österreichs.

Mit dem Baubeginn der Festung Mitte des 11. Jahrhunderts wird Markgraf Adalbert von Babenberg in Verbindung gebracht, wehrhaft und wohnlich gemacht hat sie Adalberts Enkel, Markgraf Leopold II. (der Schöne), der sich nach seinem Bruch mit Kaiser Heinrich IV. und der Niederlage in der Schlacht bei Mailberg gegen die Böhmen im Jahr 1081 auf die Burg zurückzog.

Er stellte das »Feste Haus«, einen rechteckigen, mehrgeschossigen Steinbau, der durch eine zehn Meter hohe und 1,5 Meter starke innere Ringmauer geschützt ist, fertig. Diese Kernburg war bereits im Hochmittelalter von einem umlaufenden Graben umgeben, der erst viel später zugeschüttet wurde. Ebenfalls zu dieser Zeit entstand der Südturm, in dessen Obergeschoss sich vermutlich die Burgkapelle befunden hat.

Die Garser Burg diente Leopold II. von 1075 bis 1095 als Stützpunkt und Residenz, er soll in der romanischen Burgkapelle im Südturm begraben sein.

Sein Sohn Leopold III. (der Heilige), der niederösterreichische Landespatron, wurde 1073 in der Burg geboren, verlegte seine Residenz später aber nach Klosterneuburg, weshalb die Burg an einen Burggrafen übergeben werden musste, der eine Art Verwaltertätigkeit ausübte.

Ab 1114 scheint in dieser Funktion Erchenbert I. auf, der in einer Klosterneuburger Tradition »Gorzensis castellanus« genannt wurde. Er ist der erste bekannte Vertreter der Burggrafen von Gars, die zur Familie der Kuenringer gehört haben dürften und später zu einer der bedeutendsten Ministerialenfamilien der Babenberger und Habsburger aufstiegen.

Nachfolger von Erchenbert I. war sein Sohn Erchenbert II., danach folgte dessen Sohn, Burggraf Heidenreich von Gars, der zwischen 1210 und 1220 verstorben sein dürfte. Seine Nachfolge trat im Jahr 1222 nachweisbar Wolfker II. an, der jedoch nicht ausdrücklich als Sohn von Heidenreich bezeichnet wurde. Wolfker von Gars wird allerdings nur mehr ein einziges Mal in einer weiteren Urkunde erwähnt, nämlich in einem Dokument aus dem Jahr 1225. Allerdings scheint sein Name noch in einer anderen Quelle auf: Ulrich von Liechtenstein erwähnte den Garser Burggrafen mehrmals in seinem »Frauendienst«, er soll von Piesting ausgehend über Traiskirchen, Wien, Korneuburg bis nach Feldsberg in Mähren sein Begleiter gewesen sein. Ulrich von Liechtenstein bezeichnete Wolfker als äußerst tugendhaften Ritter, der im Kampf und in der Minne ganz seinem Ideal entsprochen habe.

In etwa zu dieser Zeit, in der ersten Hälfte des 13. Jahrhunderts, dürfte ein großer Teil der mit einer Gesamtlänge von rund 330 Metern gewaltigen äußeren Burgmauer entstanden sein.

Bis zum Jahr 1256, also mehr als 30 Jahre lang, wird kein Burggraf von Gars in einer bekannten Quelle genannt, dann taucht ein Rudolf auf, der der Sohn von Wolfker gewesen sein dürfte.

Burggraf Rudolf von Gars blieb bis 1266 auf der Festung und es dauert wiederum mehr als zehn Jahre, bis sich ein neuer Burggraf von Gars in einer Urkunde finden lässt, es handelt sich wieder um einen Wolfker, den Sohn Rudolfs. Auch seine drei Brüder Rapoto, Erchenbert und Heidenreich tauchen ab den 1280er-Jahren in gesicherten Nennungen auf. Im Jahr 1311 wird Rapotos Sohn Alber als Nachfolger genannt.

Danach gab es keine männlichen Nachfolger mehr, womit die Burggrafen von Gars 1367 ausstarben. Unter ihrer Herrschaft entstand die zweite Ringmauer mit zwei Türmen und dem mächtigen achteckigen Bergfried. Auch die teils romanische, teils gotische Gertrudskirche wurde damals errichtet.

Alber hinterließ eine Tochter namens Dorothea, auf die neben Agnes, der Tochter des Burggrafen Heidenreich, also Dorotheas Tante, die zweite Hälfte des Garser Erbes fiel. Dorothea ehelichte

Hans von Maissau, einen Verwandten Stephans von Maissau, dem Gatten von Agnes. Somit trat 1374 das Geschlecht der Maissauer zur Gänze das Garser Erbe an, ihre Herrschaft endete 1429.

Danach wechselte der Besitz unter mehreren Adelsfamilien, da Gars jedoch landesfürstliches Eigentum blieb, wurde die Burg meist als Pfandeigentum vergeben.

In den Jahren 1548/49 und 1576 wurden unter dem Pfandherrn Georg Teufel größere Um- und Ausbauten vorgenommen, dabei entstanden die Toranlage und der 56 Meter lange dreigeschossige Renaissancetrakt an der Nordostfront. Dieser verfiel im 19. Jahrhundert zu einer Ruine, wurde erst ab 1976 wieder gedeckt und dient seither als Gaststätte. Im Innern sind Reste des Stuckdekors erhalten.

Zwischen 1667 und 1701 gehörte die Herrschaft den Freiherren von Oppel, die etliche Neubauten ausführen ließen.

Nachdem zu dieser Zeit der langsame Verfall der wehrtechnisch längst wertlosen Burg bereits eingesetzt hatte, richteten Brände in den Jahren 1742, 1781 und 1809 weitere große Schäden an. Der letzte geht auf die Garser Bevölkerung zurück, die die Burg anzündete, damit die anrückenden Franzosen sie nicht besetzen konnten. Die Gebäude waren aber bereits um 1800 abgedeckt worden, um der Dachsteuer zu entgehen.

1829 kam die Burg an die Familie Croy, bei der sie bis 1966 verblieb.

Heute gehört die Ruine der Marktgemeinde Gars, die sie vom letzten privaten Besitzer, Fritz Bogner, erwarb. Den dreigeschossigen Renaissancetrakt neben der mittelalterlichen Ruine hat man in letzter Zeit teilweise restauriert. Der große Innenhof der Kernburg wird im Sommer als Freiluft-Opernbühne genutzt.

Auch Geister spielen gern Streiche

Vor einigen Jahren, lange bevor der Verein API gegründet wurde, saß Uschi an einem lauen Abend im Juli vor dem Fernseher und schaute sich eine Sendung an, in der es weder um Geister noch um andere paranormale Phänomene ging. Es handelte sich um einen Bericht über ein Event auf der Freilichtbühne der Burgruine in Gars am Kamp.

Doch plötzlich spitzte Uschi interessiert die Ohren: Die Schauspieler berichteten von unerklärlichen Vorkommnissen und mysteriösen Begebenheiten vor Ort, erzählten von Kulissen, die wie von Geisterhand bewegt und verschoben wurden, und von immer wieder verschwindenden Requisiten. Keiner konnte sich die Geschehnisse erklären und alle waren einhellig der Meinung, dass hinter diesen Streichen kein Mensch aus Fleisch und Blut steckte und es in der Burgruine spukte. Einige erzählten, dass sie sich während der Proben ständig beobachtet fühlten und es ihnen vorkam, als hätten sie unsichtbare Zuschauer.

Uschi war an diesem Abend im Juli zwar hellhörig geworden, vergaß die Sendung jedoch wieder. Doch die Schabernack treibenden Geister der Freilichtbühne wollten offensichtlich entdeckt werden, denn es konnte kein Zufall sein, dass API einige Jahre später beinahe ungewollt vor den Toren der Burgruine Gars landeten.

Die Geisterjagd: Vorhang auf für die Geister

An einem warmen Maitag im Jahr 2008 machen sich Uschi, Tina, Günther und Uschis Stiefsohn Jake auf den Weg zur Rosenburg.

API haben einen Termin für eine Folgeuntersuchung, der schon monatelang ausgemacht ist, doch als die vier vor der Burg ankommen, stehen sie vor verschlossenen Toren. Plötzlich piepst ein Handy, die Geisterjäger erhalten die Nachricht, dass niemand gefunden wurde, der die Burg aufsperrt.

Frustriert steigen sie wieder in ihr Auto und beschließen umzukehren. Günther kutschiert die Truppe, die anderen plaudern. Da eröffnet ihnen der Chauffeur, dass er versehentlich den falschen Weg eingeschlagen hat und sie sich auf der Straße Richtung Gars am Kamp befinden. Er bittet Uschi, auf die Karte zu schauen und ihm zu sagen, wie er weiterfahren soll, als diese nach einigen Minuten, während langsam die Erinnerung an die Fernsehsendung in ihr aufsteigt, beschließt: »Dann besuchen wir die Burgruine Gars samt Freilichtbühne!«

Nach einigen Erklärungen stimmen alle zu und bereits kurze Zeit später, gegen 21.00 Uhr, befinden sich die Geisterjäger auf dem Parkplatz vor der Garser Burg. Mit Digicam und Diktafonen ausgerüstet machen sie sich auf den Weg, skeptisch, ob man so spät, noch dazu unangekündigt, Zutritt zur Bühne haben würde.

Zur allgemeinen Überraschung und Freude ist der Zugang zum Hof der Burg und zur Bühne offen und jederzeit begehbar. Tina und Jake beginnen mit der Erkundung der öffentlich zugänglichen Teile des Gebäudes, während Uschi und Günther zu den ehemaligen Stallungen, der jetzigen Freilichtbühne, marschieren.

Recht schnell beginnen sich alle zu gruseln: Auf der Tribüne werden deutlich Schritte hörbar, untermalt von lauten Knacksgeräuschen, und Tina kommt aufgeregt herbeigeeilt und verkündet, dass sie ein Licht gesehen habe, das durch die Mauer zu fliegen schien. Die vier laufen zum Auto, nicht weil sie es mit der Angst zu tun bekommen, sondern um eine Standkamera zu holen.

Schon kurze Zeit später sind API zurück und Günther baut mit Tinas Hilfe das Gerät auf der Tribüne in der Nähe des ehemaligen Wehrgangs auf. Plötzlich springen beide wie vom Blitz getroffen wieder hinunter, direkt in die Arme einer erschrockenen Uschi. Günther teilt ein wenig verstört wirkend mit, dass »jemand« versuchte habe, ihn hinunterzuschubsen, während Tina bestätigt, dass »da oben« etwas sei, das dicht an die beiden herangetreten war.

Tina, jetzt wieder mit der Handkamera bewaffnet, schreit gleich darauf: »Ich hab ihn im Bild!« Dann murmelt sie: »Warte, jetzt läuft er davon ... geh bitte ... hab ihn wieder ... was machst du, bleib da ... wo ist er denn ... da ist er ja ... hab ihn ... jetzt ist er wieder weg ... okay, alles klar, schon wieder da ... pfu, der ist schnell unterwegs, der flutscht mir dauernd aus dem Bild ... aber warte, hab dich wieder ... wo ist er hin ... ah da ...« Minutenlang schwenkt

Tina die Digicam wild im Kreis und versucht offensichtlich etwas einzufangen, was immer wieder vor ihr davonläuft und sich dann doch immer wieder zeigt. Jake läuft währenddessen mehrmals rund um Tina im Kreis und schießt Fotos.

Typisch, denkt Uschi belustigt angesichts der Szene vor ihren Augen, das passt zu den Erzählungen der Schauspieler, da hält uns etwas zum Narren. Günther weist sie indessen auf die komischen Geräusche hin, die von der Bühne her kommen und die immer lauter zu werden scheinen.

Eine Stunde später, gegen 23.30 Uhr, ist der ganze Spuk vorbei und es kehrt Ruhe in der Burg und vor allem auf der Freilichtbühne ein. Die Geisterjäger führen noch eine Befragung durch, doch da alles still bleibt, machen sie sich gegen ein Uhr nachts auf den Heimweg.

Die Auswertung: Ein Schrei nach Hilfe und ein Haar, das keines war

Uschi ist nach der Sichtung des Materials zufrieden, die zu Späßen aufgelegten Geister haben jede Menge Nachrichten auf den Diktafonen hinterlassen.

Einige davon klingen allerdings wenig lustig, denn es handelt sich eindeutig um Hilferufe. Da heißt es mehrmals »bitte helft mir«, »bleib bei mir«, »Seelen befreien« und »bitte lass uns gehen«.

Andere Botschaften klingen entnervt und deuten darauf hin, dass sich die Geister in ihrem bunten Treiben gestört fühlten. Hier findet zeitweise eine richtige Unterhaltung zwischen verschiedenen Stimmen statt, wie dieses Beispiel zeigt: »Das, was wir sehen, passiert ... können wir nicht verhindern ... genau.« Ein weitere Stimme sagt daraufhin: »He, lass das!«

Am seltsamsten jedoch ist das Video. Der Geist, der sich mit der Kamera nicht einfangen lassen wollte, ist dank Tinas Reaktionsvermögen als weißer, bauchiger Strich mehrmals im Bild, und das in etwa fünf Minuten lang.

Zuerst dachte Uschi, es könnte eine Haarsträhne sein, doch Vergleichsaufnahmen, nachgestellt mit einer filmenden Tina, zeigen, dass dies nicht möglich ist. Ein Haar kann, egal wie man sich dreht und wendet, niemals diese Bewegungen vollführen wie der Strich auf dem Video. Außerdem gäbe es in diesem Fall keine Erklärung für das ständige Aus-dem-Bild-Wandern und das plötzliche Verschwinden der Erscheinung, da Tina nicht die Möglichkeit hatte, während sie filmte und mit beiden Händen die Kamera hielt, sich die Haare aus dem Gesicht zu streichen.

Seltsamerweise ist auf den Fotos, die Jake zur selben Zeit am selben Ort aufgenommen hat, nichts zu sehen.

Ein zweites Mal ohne Ergebnisse

Uschi, fasziniert von dem bauchigen Strich und den vielen Stimmen auf Band, fährt eines Nachts noch einmal, dieses Mal allein, nach Gars am Kamp.

Mit einem leicht flauen Gefühl in der Magengrube besteigt sie die Freilichtbühne, lauscht in die Dunkelheit, schießt Fotos, filmt und führt eine Befragung durch. Doch die Geister verhalten sich ruhig, außer dem Zirpen der Grillen und den Geräuschen von in der Ferne vorbeifahrenden Autos ist nichts zu hören.

Gespannt auf die Auswertung fährt Uschi zwei Stunden später nach Hause und beginnt sofort sich alles anzuschauen und anzuhören. Dann die Ernüchterung: Weder auf dem Film noch auf den Fotos noch auf dem Band ist auch nur das Geringste zu sehen oder zu hören.

Entweder hatten sich die Geister von der Freilichtbühne beim ersten Mal nur in Szene gesetzt, weil sie so viele Zuschauer hatten, oder ihr letzter Streich war der Versuch, den Geisterjägern Angst einzujagen. Vielleicht haben sie sich, als sie feststellen mussten, dass dies nicht geklappt hat, zurückgezogen und warten nun auf neue, nicht auf »gruseligen Schabernack« vorbereitete Opfer.

KLOSTER LUCEDIO
(Piemont, Italien)

Zur Geschichte des Klosters Lucedio

»L'Abbazia di Santa Maria di Lucedio«, wie das Kloster auf Italienisch heißt, liegt im Nordwesten Italiens, in der Gemeinde Trino (Provinz Vercelli), nahe dem Fluss Po. Es wurde als 22. mittelalterliche Zisterzienser-Mönchsabtei 1123 auf dem Besitz von Ranieri di Monferatto gegründet.

Lucedio war das zweite Tochterhaus der Primarabtei La Ferté, wurde vermutlich an der Stelle einer früheren Benedektinerabtei errichtet und nach einem Wald namens »Locez« benannt. Es verkörperte die übergeordnete Institution der Klöster Chiaravalle d' Ancona (1147), Rivalta Scrivia (1181) und Chortaiton bei Thessaloniki (1214).

Zu Beginn des 13. Jahrhunderts bemühte sich Peter III., Patriarch von Antiochia, um die Gründung eines Zisterzienserklosters in seinem Fürstentum und überführte schließlich 1214 das keinem Orden angehörende Kloster St. Georg von Jubin in den Orden der Zisterzienser nach Lucedio.

Im 15. Jahrhundert begannen die Zisterzienser, nachdem sie in harter Arbeit das sumpfige Land der Poebene urbar gemacht hatten, mit dem Reisanbau. 1457 wurde Lucedio von Papst Kalixt III. in Kommende gegeben (Übertragung der Einkünfte eines Kirchen- oder Klostervermögens auf eine dritte Person unter Befreiung von den Amtspflichten). Unter dem Kommendatarabt Francesco II. Gonzaga fand das Kloster Anschluss an die lombardische Zisterzienserkongregation. 1784 wurde das Kloster durch Papst Pius VI. säkularisiert (aus kirchlichen Bindungen gelöst), an Vittorio Emanuele Herzog von Aosta verkauft und in ein Landgut umgewandelt.

Nach der Besetzung Piemonts durch die Franzosen ging Lucedio an Napoleon über, der es 1807 seinem Schwager Fürst Camillo Borghese, dem damaligen Hauptstatthalter von Piemont, überließ. 1822 gelangte der Marchese Giovanni Gozani von San Giorgio, ein Vorfahre der heutigen Eigentümerin, in den Besitz des Klosters, trat das Landgut allerdings 1861 dem Marchese Raffaele de Ferrari,

Herzog von Galliera, ab. Ihm wurde der Titel Fürst von Lucedio verliehen.

1937 wurde der gesamte Komplex von Graf Paolo Cavalli d' Olivola, dem Vater der heutigen Besitzerin und Managerin Gräfin Rosetta Clara Cavalli d' Olivola Salvadori di Wiessenhoff, erworben. Heute wird auf dem Landgut mit dem Namen »Principato di Lucedio« (Fürstentum Lucedio) hauptsächlich Reis produziert.

Aus der Zeit um 1170 ist noch der Campanile (Glockenturm) auf romanischem Unterbau erhalten, der achteckige Schaft stammt aus der ersten Hälfte des 13. Jahrhunderts. Der quadratische Kapitelsaal aus der Mitte des 12. Jahrhunderts und die Fremdenherberge, die Ende des 13. Jahrhunderts errichtet wurde, sind ebenfalls in bemerkenswert gutem Zustand. Die Klosterkirche, ein barocker Saalbau, wurde 1769 erneuert.

Satansmönche und mumifizierte Äbte

Das Kloster Lucedio liegt auf Platz 3 der »scariest places« weltweit! Doch auch das Umland wirkt wenig einladend, heute wie damals. So soll ein Reisender im 13. Jahrhundert geäußert haben, »dass der Anblick eines an einem Baum im Sumpf Erhängten sicherlich nicht die Landschaft ruinieren würde«.

Doch zurück zur Abtei: Es wird berichtet, dass im Jahr 1684 viele junge Mädchen, die in der näheren Umgebung des Klosters lebten, in ihren Träumen dem Teufel begegneten, der sie, nachdem er sie verführt hatte, zu den Mönchen von Lucedio schickte. Die Frauen haben es dann der Legende nach darauf angelegt und auch geschafft, die gläubigen Männer zu Satanisten zu machen. Ab diesem Zeitpunkt soll es hinter den dicken Mauern zu schrecklichen Gräueltaten wie Folterungen, Morden und Kindesmisshandlungen im Rahmen von Teufelsbeschwörungen gekommen sein. Es heißt, dass junge Männer, die einmal in das Kloster geholt worden waren und dort als Sexsklaven gehalten wurden, die Mauern nie mehr verließen.

Als Papst Pius VI. von den Vorgängen in der Abtei erfuhr, säkularisierte er sie am 10. September 1784, also 100 Jahre später, und schickte die Mönche, denen eine Beteiligung an den satanischen Ritualen und den Verbrechen nicht nachgewiesen werden konnte, in das aufgehobene Jesuitenkolleg von Castelnuovo Scrivia. Diejenigen, die für die teuflischen Vorgänge hinter den Klostermauern verantwortlich gemacht werden konnten, wurden für ihre Taten bestraft.

Andere Quellen allerdings berichten, dass dies alles schon viel früher geschah und bereits Papst Kalixt III. von den Gräueltaten in der Abtei wusste und dies der Grund gewesen sei, weshalb er sie im Jahr 1457 in Kommende gab.

Noch heute, sagt man, betrauert das Gemäuer all die grausamen Taten, die in ihm geschehen sind. So gibt es angeblich im Judgement-Room (»Gerichtsraum«), in dem die Mönche ihre Entscheidung trafen, wie die in Lucedio gefangen gehaltenen Männer bestraft werden sollten, eine Säule, die regelmäßig weint angesichts der Brutalitäten, die sie gesehen hat. In diesem Raum werden auch immer wieder Klagelaute und Schmerzensschreie vernommen, die aus allen Wänden zu dringen scheinen.

Eine weitere Besonderheit stellt die Krypta dar. Man erzählt sich, dass dort das Böse eingesperrt ist, das bewacht werden muss, auf dass es niemals mehr freikomme. Angeblich sind die Wächter des »Tors zur Hölle« Äbte, die im Kreis sitzend dort beerdigt wurden. Mysteriös daran ist allerdings, dass die Männer auf natürlichem Wege mumifiziert sind.

Dann gibt es auch noch den seltsamen Nebel, der immer wieder rund um den Glockenturm der Kapelle auftritt – er erscheint ohne ersichtlichen Grund und verschwindet, so schnell wie er gekommen ist, wieder im Nichts.

Die Geisterjagd: Eine versperrte Kapelle und unangenehme Berührungen

An einem lauen Abend Anfang August 2008 machen sich Uschi und Tina auf den Weg nach Lucedio. Sie wollen sich die ganze Nacht lang in dem »Satanskloster« einsperren lassen, um dem Bösen auf die Spur zu kommen. Nachdem die »Ghost Hunters« und das Team von »Most Hounted« bereits schreckliche Dinge über diesen Ort berichtet haben, sind beide Frauen aufs Äußerste gespannt, was sie in der Abtei erwartet.

Nach zehn langen Stunden Autofahrt erreichen sie um neun Uhr vormittags die ersten weitläufigen Reisfelder, die die von Industrie und Landwirtschaft geprägte Region beherrschen. Die Kommunikation mit den Einheimischen, die äußerst spärlich die Straßen bevölkern, stellt sich als schwierig heraus, da diese ausschließlich Italienisch sprechen, und so wird Uschi und Tina letztendlich mit Händen und Füßen der Weg zum Kloster erklärt.

Nach einem kurzen Umweg befinden sich die beiden Frauen auf dem richtigen Weg und entdecken einen Friedhof, vor dem sie spontan haltmachen. Mittlerweile strahlt die Sonne vom Himmel und die Luft erhitzt sich langsam, während Tina, vorher noch etwas schläfrig, wieder einmal zu Höchstform aufläuft, um zur Kapelle inmitten der kleinen Anlage zu gelangen. Leider scheitert dieses Vorhaben bereits am Eingang des Friedhofs, da die Türen nicht nur verschlossen, sondern auch noch von stacheligen Hecken umrankt sind, die das gesamte Areal wild wuchernd eingrenzen und sich somit keinerlei Möglichkeit zum Betreten der Gräberstätte bietet.

Mürrisch steigt Tina wieder ins Auto und Uschi gibt Vollgas, um endlich zum Kloster zu gelangen. Vorbei an im Zuge eines Unwetters in der vergangenen Nacht geborstenen Bäumen und zahlreichen am Boden herumliegenden Ästen ausweichend erreichen die beiden Frauen die Abtei gegen 09.30 Uhr und stellen ihr Auto vor dem verschlossenen Tor, das zum Klostergelände führt, ab. Hinter Gitterstäben sind mehrere Arbeiter und ein Traktor mit Aufräumarbeiten beschäftigt, das Gewitter dürfte auch hier einigen Schaden angerichtet haben.

API wollen die Arbeiter davon in Kenntnis setzen, dass sie erwartet werden und gern in den Hof hineinfahren würden, um dort auf die Ankunft des Grafen Paolo di Wiessenhoff, Sohn der Besitzerin, zu warten und sich vielleicht schon ein wenig umzusehen. Uschi versucht mit einem der Männer ins Gespräch zu kommen, wobei sie erneut gegen eine Sprachbarriere läuft. Auf ihr »We are from Austria. Graf ... äh ... Conte di Wiessenhoff is waiting for us. We want to get in« erntet sie verständnisloses Schulterzucken und ein »Nix Englisch, ich nix verstehen!«, doch wie befürchtet funktioniert die Kommunikation auch auf Deutsch nicht.

Nach zwei weiteren erfolglosen Versuchen, die Arbeiter dazu zu bewegen, den Weg freizumachen, versuchen API den Grafen telefonisch zu erreichen. Als einer der Männer das Handy an Uschis Ohr erblickt, fängt er wild zu gestikulieren und »Nix gehen« zu rufen an, was die beiden Frauen so interpretieren, dass der Sturm in der Nacht auch Sendemasten beschädigt hat.

Im selben Moment braust ein Auto heran, hält vor dem Kloster und es entsteigen ihm fünf fröhlich Italienisch palavernde Touristen mit Fotoapparaten. Uschi fasst sich erneut ein Herz und spricht die kleine Gruppe auf Englisch an, und dieses Mal erntet sie endlich ein: »Yes, I do speak English!«

Nach einigem Hin und Her ist die italienisch-englisch sprechende Dame in der Lage, den Arbeitern die Situation zu erklären. Einer läuft daraufhin ins Gebäude und kommt wenig später mit der Information zurück, dass er die Gräfin auf dem Festnetz erreicht habe und sie ausrichten lasse, ihr Sohn, Conte Paolo, würde »in der Früh« eintreffen. Das »in der Früh« stellt sich auf Nachfrage als »gegen 14 Uhr« heraus – in Italien ticken die Uhren halt doch ganz anders.

Die Hausherrin hat offensichtlich auch die Erlaubnis erteilt, API einzulassen, und so öffnen sich endlich, es ist mittlerweile elf Uhr geworden, die Pforten für die beiden Geisterjägerinnen. Sie bedanken sich bei der übersetzenden Touristin, steigen in ihr Auto und fahren durch das sich hinter ihnen sofort wieder schließende Tor bis zum Parkplatz vor dem Kloster.

Gebannt starren die beiden Frauen zum Turm der Kapelle hinauf und beginnen voller Vorfreude mit ihrem Rundgang, geführt von dem Mann, der die Anweisungen von der Gräfin bekommen hat. Zuerst zeigt der Arbeiter Uschi und Tina die Nebengebäude, in denen offensichtlich Angestellte und Bedienstete wohnen. Danach geleitet er die beiden in den hinteren Trakt und schließt einige Räume auf, in denen sich hauptsächlich landwirtschaftliche Geräte und allerlei Gerümpel befinden, während er wortreich Erklärungen zu den einzelnen Objekten abgibt – natürlich auf Italienisch. Zwischendurch fällt mehrmals das Wort »Conte«, und das in sehr ehrfürchtigem Tonfall.

Erleichtert seufzt Uschi auf, als endlich auch der Judgement-Room geöffnet wird. Doch das Herzstück des Klosters, die Kapelle, ist immer noch verschlossen. Da Uschi dem Mann nicht klarmachen kann, wohin sie noch möchte, auch nicht, indem sie Glockengeläut nachmacht, nimmt sie ihn an der Hand und führt ihn zur Kapelle. Doch als der Arbeiter endlich versteht, welche Tür er aufmachen soll, reißt er erschrocken die Arme hoch und schreit: »Nix, nix!«

Seufzend beschließen die beiden Frauen auf den Grafen zu warten, nachdem der Mann, offensichtlich froh, seinen Auftrag erfüllt zu haben und sich von den Geisterjägerinnen verabschieden zu können, verschwunden ist.

»Tina, ich werde wahnsinnig, wenn wir nicht in die Kirche können«, jammert Uschi, »von vier ›haunted‹ Räumen sind drei dort drin!«

Genervt, verschwitzt und müde warten die beiden auf den Conte, durchstreifen das Gelände, machen Fotos und legen sich endlich, mangels anderer Betätigungsmöglichkeiten, ins Auto und dösen.

Gegen 14.30 Uhr trifft Paolo di Wiessenhoff ein. Relativ wortkarg, aber Gott sei Dank der englischen Sprache mächtig, begrüßt er die beiden API-Mitglieder und führt sie durch die bereits geöffneten Räume. Uschi bittet ihn, die Kapelle aufzusperren, da sie wegen dieses Gebäudes eigentlich angereist sind.

Zuerst stellt sich der Graf taub, dann dumm, letztendlich wehrt er wütend ab, als Uschi ihrem Wunsch Nachdruck verleiht, und behauptet, er könne sie dort nicht hineinlassen, weil ihm die Kapelle nicht gehöre. Außerdem werde sie gerade restauriert, eine Begehung sei gefährlich.

Da Uschi schon während ihres ersten Rundgangs festgestellt hat, dass die Tür der Kirche mit insgesamt drei Vorhängeschlössern gesichert ist, äußert sie provokant: »Wir sind zehn Stunden gefahren, haben seit rund 20 Stunden fast nicht geschlafen und werden jetzt auch wieder die ganze Nacht wach sein, alles für eine Untersuchung in der Kapelle. Dass sie uns hineinlassen können, wissen wir, weil die Amerikaner und die Engländer auch drinnen waren. Warum dürfen wir nicht hinein? Was ist dort passiert? Was haben Sie zu verbergen?«

Mit einer derartigen Flucht nach vorne hat der Conte offensichtlich nicht gerechnet und geht seinerseits in Angriffsstellung. Sehr resolut und emotional – Uschi sagt, »er hat uns angeschrien« – erklärt er den beiden Frauen, dass die »anderen« eine Sondergenehmigung hatten, von wem, wisse er nicht. API dürfen in drei Räumen (von insgesamt 22!), im Judgement-Room und den beiden mit Gerümpel vollgestopften Nebenräumen (einer davon sei angeblich ein Schlafsaal der teuflischen Mönche, so der Graf), ihre Kameras platzieren, und basta!

Frustriert ergeben sich Uschi und Tina in ihr Schicksal und verabschieden sich von dem aufgebrachten Paolo di Wiessenhoff, der daraufhin das Gelände verlässt.

Die beiden Frauen stellen die Geräte auf, eine Kamera in jedem Raum, zwei im Hof, eine auf den Glockenturm, die andere auf den Eingang der Kapelle gerichtet, eine weitere in einem kleinen Schuppen, den zuvor der Arbeiter aufgesperrt hat, und eine in dem Gang,

von dem die Amerikaner über bemerkenswerte EVPs, die sie dort aufgenommen hatten, berichteten. Dann werden die Diktafone aufgeteilt und noch einmal Fotos geschossen.
Es ist 19.30 Uhr, als sich Uschis Magen bemerkbar macht, und so beschließen die beiden in den Ort zu fahren, um dort etwas zu essen.

Vorher machen die Geisterjägerinnen erneut bei dem Friedhof halt, und siehe da, jetzt gelingt es Tina, vielleicht weil sie schon lange nichts mehr gegessen hat, sich durch eine Lücke in der stacheligen Hecke zu quetschen. Relativ rasch kommt sie wieder zurück und berichtet enttäuscht von ihrer Besichtigung der unspektakulären Gräberstätte. Uschi versucht währenddessen verzweifelt, die sie umkreisenden, gefräßigen Gelsenschwärme abzuwehren, die aufgrund des vielen Wassers in der Gegend geballt auftreten und speziell zu dieser Uhrzeit besonders aufdringlich sind. Die beiden Frauen besprühen sich ausgiebig mit einem Insektenschutzmittel, bevor sie weiterfahren und gegen 20.00 Uhr in einem Restaurant, das in ein modernes Freizeitzentrum integriert ist, eintreffen.

Während Uschi nach dem Essen anhand eines Plans recherchiert, welche Räume jetzt genau für die beiden zugänglich sind, beschließt Tina, dass nicht nur ein Schraubenzieher (den sie in Lockenhaus gebraucht hätte), sondern auch eine Haarnadel, mit der man Vorhängeschlösser öffnen kann, in Zukunft Teil der Ausrüstung sein werden.

Zurück im Kloster erkunden die beiden noch einmal die Lage und stellen fest, dass es keine Möglichkeit gibt, sich mehr anzusehen, als vom Conte aufgeschlossen wurde, da man nur durch Nebenräume in die Zimmer im ersten Stock gelangt, deren Türen jedoch versperrt sind.

API beschließen, das Beste aus der Situation zu machen, und beginnen mit Messungen und Befragungen. Danach schnappen sich beide ein Walkie-Talkie, Uschi bezieht Stellung im Gang, Tina im Judgement-Room.

»Ich dachte, ich könnte ein wenig dösen, und habe extra den

Schlafsack und einen Wecker mitgenommen, doch die Gelsen haben sich offensichtlich so über unseren nächtlichen Besuch gefreut, dass sie regelrecht über uns hergefallen sind. Hätten wir das Schutzmittel nicht zentimeterdick überall aufgetragen, obwohl es aufgrund der hohen Dosis wirklich schon entsetzlich gerochen hat, wären wir am nächsten Tag sicher total verbeult von den ganzen Stichen gewesen«, erinnert sich Uschi. »Aber schlafen konnten wir natürlich bei dem permanenten Gesumme an unseren Ohren nicht.«

Um 21.30 Uhr, alles ist ruhig (bis auf den Lärm der Gelsen, die sich wahrscheinlich über den Gestank beschweren, den die beiden potenziellen Nahrungslieferanten ausströmen und der sämtliche Landungsversuche unmöglich macht) und finster, spürt Uschi plötzlich eine Berührung an ihrem Bein. Sicher irgendein Tier, hoffentlich keine Spinne oder gar ein Skorpion, denkt sie angewidert und etwas panisch werdend und schaltet ihre Taschenlampe ein. Doch als sie den Lichtkegel über die betroffene Hautstelle und danach über den Boden wandern lässt, ist nichts zu sehen. Gerade als Uschi die Lampe wieder ausschalten will, spürt sie die Berührung erneut, als würde sie ganz sachte von einer kühlen, weichen Hand gestreichelt. Zu sehen ist allerdings auch dieses Mal nicht das Geringste. Beim dritten Mal springt Uschi auf, will auf den Knopf des Walkie-Talkies drücken, um Tina zu verständigen, als sie im selben Moment die angstvolle Stimme ihrer Freundin aus dem Gerät vernimmt: »Geh weg von mir, ich will das nicht! Komm nicht näher! Hilfe, da schleicht etwas um mich herum und greift mich dauernd an!«

Uschi springt zum Laptop, auf den die Kamera im Judgement-Room aufnimmt, und sieht Tina, die rückwärts geht und mit den Armen fuchtelt, bevor sie sich umdreht und davonrennt, woraufhin Uschi ebenfalls ihren Aufenthaltsort verlässt und ihrer Freundin entgegenläuft. Sie treffen sich in der Mitte und fallen sich erleichtert in die Arme, erzählen einander von den seltsamen Begebenheiten. Tina berichtet von einem riesigen Schatten, der auf sie zugekommen sei und sie berührt habe, während er sie einzuhüllen versuchte. Uschi meint ratlos, dass das Phänomen auf dem Bildschirm nicht zu sehen gewesen sei.

Gemeinsam gehen die beiden Frauen zurück in den Judgement-Room, stellen sich zwischen die dort stehenden Säulen (»Ich weiß bis heute nicht, welche davon die weinende sein soll«, so Uschi) und lauschen in die Stille der Nacht, als sie ein seltsames Murmeln vernehmen. Es wird immer lauter und bedrohlicher, bis die Geisterjägerinnen die Flucht ergreifen.

Doch die Jagd geht weiter. Jetzt setzt sich Tina in den angeblichen Schlafraum der Mönche, Uschi geht zurück in den Gang und setzt sich vor den Laptop. Der Rest der Nacht verläuft jedoch völlig ruhig und gegen 02.30 Uhr beginnen API mit dem Abbau der Geräte.

Total übermüdet und sehr enttäuscht vom Verlauf der Untersuchung, der Verschlossenheit sowohl des Conte Paolo di Wiessenhoff als auch der Kapelle, machen sich Uschi und Tina, nachdem sie den Schlüssel an der verabredeten Stelle deponiert haben, gegen 03.30 Uhr auf den Heimweg.

Uschi nimmt sich vor, alles erdenklich Mögliche zu unternehmen, um die Erlaubnis für eine Untersuchung in der Kapelle zu erhalten, ob das dem Conte nun passt oder nicht!

Die Auswertung: Ein Engländer in Italien

Da die Kapelle, der eigentliche Ort des Grauens, nicht untersucht werden konnte, wundern sich API nicht darüber, dass nur fünf EVPs aufgenommen wurden, sich aber keine einzige Wesenheit optisch gezeigt hat.

Dafür ist vor allem eine Stimme, die ihnen über Diktafon eine Botschaft übermittelte, ganz klar zu verstehen, deutlicher als die meisten anderen Aufnahmen, die je bei Befragungen entstanden. Sie sagt:»Ghost, I like it«, aufgenommen wurde diese EVP im Gang, in dem sich Uschi die meiste Zeit aufhielt.

Warum in Italien ein Geist Englisch spricht, wird wohl ein Geheimnis bleiben. Oder hat er vielleicht gewusst, dass Uschi und Tina kein Italienisch verstehen? Das wäre möglich, wenn man davon ausgeht, dass er die Frauen von Beginn ihres Eintreffens an begleitet und die Verständnisschwierigkeiten zwischen ihnen und den Arbeitern mitbekommen hat.

Weiters aufgezeichnet wurden das Wort »prego«, ganz offensichtlich von einem weniger einfühlsamen, aufmerksamen oder einfach erst später eingetroffenen Geist, danach noch ein gelungener Sprachmix: »Silent, dann ...«

Eine weitere Stimme scheint zu einem männlichen Wesen zu gehören, das Uschi als »großen Dicken an die 50« beschreiben würde. Leider ist nicht zu verstehen, was er sagt, auch nicht, in welcher Sprache er spricht.

Ein weiteres undeutliches Gemurmel wurde im Judgement-Room aufgezeichnet, während Tina vor dem Schatten davonlief. Es scheint, als würde jemand das Geschehen kommentieren, ohne dass man versteht, was gesagt wird.

Außerdem wurde auch noch ein eigenartiges Geräusch in dem Schuppen aufgenommen, es klingt wie das Trappeln kleiner Füße, so als würden ganz kleine Gestalten, eventuell Kinder, in einem irrsinnig schnellen Tempo am Diktafon vorbeilaufen. Es hört sich beinahe an wie die Vertonung einer Szene in einem Zeichentrickfilm, wenn zum Beispiel Maus Jerry mit einem Affenzahn kurz auf der Stelle tritt, bevor sie vor Kater Tom Reißaus nimmt.

SCHLOSS WALCHEN
(Oberösterreich)

Zur Geschichte von Schloss Walchen

Auf einem flachen Hügel in der Ortschaft Walchen im Alpenvorland des Salzkammerguts stehen auf engstem Raum zwei Anlagen: das wunderschöne Renaissanceschloss Walchen und der altersgraue, halb verfallene Turm der ehemaligen Burg, die erstmalig im Schaunberger Urbar von 1371 Erwähnung findet.

Als Edelhof geführt, gehörte die Burg damals zur Herrschaft Kammer, die im Besitz der Schaunberger war, und wurde von den Herren von Walhen bewirtschaftet, deren Geschlecht bereits im Jahr 1040 urkundlich genannt wird.

Nach der Entmachtung der Schaunberger ging Walchen mit Kammer an den Landesfürsten über, wurde 1380 als Lehen an Ulrich von Walhen vergeben und blieb bis 1524 im Besitz der Familie Walchen.

1524 ging die Befestigung an Hanns Putz, dessen Familie 1578 des Landesverrats beschuldigt wurde, weshalb die Burg verkauft werden musste. Neuer Eigentümer war ab 1583 Hans Christoph Geymann, der das alte Gemäuer 1590 abreißen und unter Verwendung des noch brauchbaren Baumaterials das heutige Renaissanceschloss errichten ließ. Etwa zu dieser Zeit dürfte die evangelische Kapelle angelegt worden sein, die erst im Zuge von Renovierungsarbeiten um 1965 entdeckt wurde und bis dahin als Kohlenlager verwendet worden war. Zur selben Zeit fand man auch in der Bibliothek im zweiten Stock unter dem beschädigten Stuckplafond eine Holzdecke mit gemalter Kassettierung.

Wegen ihres lutherischen Glaubens mussten die Geymanns 1632 Walchen verlassen. Im selben Jahr gingen Schloss und Herrschaft an Franz Christoph Khevenhüller, der diese aber bereits 1638 an den kaiserlichen Schatzmeister Nikolaus von Gurland verkaufte. Gräfin Dorothea Julianna Gurland soll als Einzige ihrer Familie einen letzten regionalen Ausbruch der Pest in Österreich im Jahr 1736 überlebt haben, während neben der gesamten Dorfbevölkerung von Walchen auch ihr Mann und die gemeinsamen sieben

Kinder der Seuche zum Opfer fielen. Von den Gurlands wurden sowohl die Fassade als auch das Mansardendach im Barockstil umgestaltet.

Nach dem Tod der Gräfin erbte ihr Neffe Leopold Christoph Graf Schallenberg die Herrschaft, verkaufte sie 1766 jedoch an Johann Gottlieb Graf Clam. Zwischen 1750 und 1770 ist wahrscheinlich die katholische Rokokokapelle im Erdgeschoss des Ostflügels entstanden, ein rechteckiger, zweigeschossiger Saal mit spätgotischen Glasfenstern.

Es folgten mehrere Besitzerwechsel, bis das Anwesen schließlich im Eigentum des bayerischen Freiherrn Christoph von Aretin landete; dieser schrieb es 1814 zur Verlosung aus. Der Gewinner war Josef Maria Freiherr von Weichs; dessen Familie, die 1822 die immer noch bestehende wunderschöne Lindenallee pflanzen ließ, blieb bis 1881 im Besitz des Schlosses.

Danach gab es einen raschen Wechsel der Schlossherren, zu denen Georg Ritter von Aichingen, Felix Freiherr von Than-Dittner und Anton Gartner-Romansbruck zählten.

1959 kaufte Pauline Hanreich, die Großmutter der derzeitigen Besitzerin, das Schloss von Prinz Albrecht zu Schaumburg-Lippe. Sie nahm sich des bereits stark vernachlässigten Gebäudes an, ließ es restaurieren und wohnlich gestalten. Im ehemaligen Meierhof sowie in Teilen des Parks wurde 1979 ein Kinderwelt-Museum eingerichtet. Pauline Hanreich übergab das Schloss 1986 an ihre Tochter Eugenie Hanreich, diese vererbte es nach ihrem Tod im Jahr 2004 ihrem einzigen Kind, der damals 21-jährigen Friedrun.

Die irre Gräfin Gurland

Als Gräfin Dorothea Julianna die Nachricht erhielt, dass die Pest nach 20 Jahren erneut in der Region wütete, schien sie nicht überrascht, denn sie hatte den Ausbruch der Epidemie und den Tod vieler Menschen, auch den ihres Mannes und ihrer sieben Kinder, angeblich bereits vorhergesehen. Nur wenige Wochen später war die gesamte Bevölkerung von Walchen, die Familie Gurland auf dem Schloss und deren Gesinde der Seuche zum Opfer gefallen (wobei bis heute nicht sicher ist, ob es sich tatsächlich um die Pest handelte).

Die Gräfin, so erzählt man sich, überlebte die Katastrophe als Einzige. Doch aufgrund des Verlusts ihrer Familie soll sie wahnsinnig geworden sein. Es wird berichtet, dass sie das Schloss nicht mehr verließ, Tag und Nacht einsam durch die leeren Räume wanderte und den Tod der geliebten Menschen betrauerte, bis sie 13 Jahre später im Jahr 1796 starb.

Heute geistert sie als Weiße Frau durch das Gebäude, sie wurde durch die Jahrhunderte immer wieder gesehen. Allerdings scheint sie weder Trauer, Wut oder Wahnsinn zu verbreiten, auch nicht, wie in den Legenden geschrieben, mit ihrem Erscheinen Unglück anzukündigen, sondern die Bewohner des Schlosses und deren Gäste zu beschützen.

Die verstorbene Eugenie Hanreich hat die Anwesenheit der Gräfin Gurland gespürt, ihre Freundin und eine ehemalige Mieterin diese sogar gesehen (siehe dazu: Bieberberger, Gruber, Herberstein, Hasmann: »Geisterschlösser in Österreich/Spuk hinter herrschaftlichen Mauern – Augenzeugen berichten«, Verlag Carl Ueberreuter, Wien 2004).

Aufzeichnungen aus früheren Zeiten existieren kaum, da das Schloss sehr häufig den Besitzer wechselte und öfter verkauft als vererbt wurde, wodurch keine Traditionen und Überlieferungen entstehen konnten. Außerdem ist das Schlossarchiv schon vor vielen Jahren abgebrannt, sodass man keine Niederschriften mehr nach Sichtungen, die Weiße Frau betreffend, durchsuchen kann. Doch die Geschichte der Dorothea Gurland kennt angeblich jeder in der Gegend, sie wird mündlich von Generation zu Generation weitergetragen, sodass die Gräfin immer ein Teil des Schlosses sein wird.

Die Geisterjagd: Schritte auf knirschendem Schotter

Diese Frau wollten API kennenlernen und machen sich im Juni 2007 auf den Weg nach Walchen in der Gemeinde Vöcklamarkt.

Uschi erzählt: »Ich hatte nicht wirklich sehr viele Informationen, kannte nur die Geschichte von der Gurland, habe auch gehört, dass bei der alten Buche im Garten ständig Schritte zu vernehmen sind und dass es außerdem in der Bibliothek und in einem der Schlafzimmer spuken soll.«

Als Uschi, Tina, Daniel, Jürgen und Günther an einem warmen Abend mit klarem Himmel gegen 19.00 Uhr in Walchen eintreffen, werden sie von dem Bruder der ehemaligen Besitzerin Eugenie Hanreich in Empfang genommen. Er entschuldigt die derzeitige Eigentümerin, seine Nichte Friedrun, und bietet sich an, den Geisterjägern alles zu zeigen.

Er führt API durch die Räume, macht allerdings keinen Hehl aus seiner Skepsis gegenüber dem Vorhaben der Geisterjäger und belächelt die Fragen nach paranormalen Sichtungen. Doch letztendlich weist er im Nebengebäude auf ein Zimmer im ersten Stock hin, in dem die Weiße Frau spuken soll, so wie in einem kleinen Gang vor einem Schlafzimmer. Während der Mann erzählt, entdeckt Tina ein weiteres Schlafgemach, vorwiegend in Rot gehalten, mit einer alten Porzellanpuppe auf einem Schaukelstuhl.

»Es war, als würde uns diese seltsame, hässliche Puppe mit ihren Augen verfolgen«, schildert Uschi, »vor der hat uns die ganze Nacht lang am meisten gegruselt!«

Nach der Führung verlässt Herr Hanreich das Schloss und API stellen sofort die Kameras auf, platzieren eine in das Zimmer im Nebengebäude, eine in der Bibliothek, eine weitere in dem roten Schlafzimmer und die letzte in dem kleinen Gang, wo die Gräfin auch gesehen worden sein soll.

»Ich wollte dann auf dem schnellsten Weg zu der Buche, denn nur ich kannte diese Geschichte und ich war gespannt darauf, ob wir etwas hören würden. Vor allem die anderen, denn die waren ja unbelastet in der Sache«, erinnert sich Uschi.

Doch zuerst muss sie im Nebengebäude die Kamera installieren und mit dem Laptop koppeln, was länger dauert als erwartet, während sich Tina, Daniel und Günther auf den Weg in den Garten machen. Sie haben nur die Information, dass dort ein 400 Jahre alter Baum steht, den starke Energien umgeben.

Schon kurze Zeit später kommen die drei zurück und erstatten Uschi Bericht, dass alle Schritte auf dem Schotterweg rund um die Buche gehört haben, von mehreren Richtungen kommend und dann wieder auseinanderlaufend. Es hätten sich sogar die Blätter auf dem Boden so eigenartig bewegt, als würde jemand darauf gehen.

Mittlerweile ist es 23.00 Uhr und Uschi hat die Kamera zum Laufen gebracht. Sie beschließt, in diesem Raum Wache zu halten, während Daniel zur Bibliothek marschiert, Jürgen sich in das rote Schlafzimmer setzt und Tina und Günther wieder zurück zum Baum gehen.

Zwei Stunden später treffen sich die API-Mitglieder beim Auto, um sich zu besprechen. Uschi ist als Erste am verabredeten Ort und zündet sich eine Zigarette an, als sie knirschende Geräusche vernimmt. Sie dreht sich um, in der Erwartung, dass sich einer der anderen nähert, doch es ist niemand zu sehen. Sie läuft zu dem alten Baum, der ganz in ihrer Nähe steht, und berichtet Tina und Günther von ihrer Wahrnehmung. Die beiden nicken wissend, sie haben das Knirschen zwei Stunden lang ertragen müssen, ohne eine natürliche Ursache dafür zu entdecken.

Zu dritt gehen sie zum Auto, wo die anderen beiden bereits warten. Jürgen erzählt, dass in dem roten Schlafzimmer die Tür von allein aufgegangen sei, er meint auch gesehen zu haben, wie etwas die Klinke hinuntergedrückt hat. Daniel kann nichts berichten, in der Bibliothek sei alles ruhig gewesen. Sich beratend spazieren die Geisterjäger durch den Garten, als sie auf einer Wiese hinter dem Haus auf ein Grab stoßen.

»Das war komisch«, sagt Uschi, »da gab's überhaupt keine Inschrift. Keine Ahnung, wer dort liegt. Die Energie dort war nicht besonders toll.«

Günther ist in der Zwischenzeit nach oben gegangen, um im roten Schlafzimmer den Akku bei der Kamera zu wechseln. Als er wieder zu den anderen stößt, erzählt er kopfschüttelnd, dass der alte Akku komplett voll war, die Kamera sich aber abgedreht und nichts aufgenommen hat. Nach einigen Erklärungsversuchen, wie so etwas möglich sein kann, gehen alle wieder auf Position, nur Uschi wechselt ihr Betätigungsfeld und geht mit zur Buche, um Befragungen mit dem Diktafon durchzuführen, während Tina EMF-Messungen vornimmt.

Gegen zwei Uhr treffen sich alle wieder beim Auto, doch außer dass im Schlafzimmer erneut die Tür aufgegangen ist, hat keiner mehr etwas zu berichten. API beginnen nun mit dem Abbau der Geräte und verlassen das Gelände um 03.30 Uhr, um sich auf den Heimweg zu machen.

Die Auswertung: Weiße Hände, die ins Nichts greifen

Nach stundenlangem Durchsehen und -hören des Materials halten API folgende Zeugnisse von paranormalen Aktivitäten in Händen:
Nur ein einziger Geist hat sich, körperteilweise, gezeigt, und zwar im roten Schlafzimmer, nachdem Günther den Akku wechseln wollte und die abgedrehte Kamera wieder angeschaltet hat. Man sieht die Tür aufgehen und mindestens eine Minute lang weiße, sich bewegende »Gebilde« vor dem Infrarotstrahler, es sieht aus, als würden Hände ins Nichts greifen.

Uschi beschließt, Schloss Walchen noch einen Besuch abzustatten, um die Gräfin Gurland aus der Reserve zu locken und das Geheimnis der alten Buche und der knirschenden Schritte zu lüften.

Die zweite Untersuchung und die Ergebnisse

Doch es vergeht ein ganzes Jahr, bevor sich API, dieses Mal nur Uschi und Tina, erneut auf den Weg nach Walchen machen, im Juni 2008 ist es endlich so weit.

Dieses Mal werden die Geisterjäger, die an einem kühlen Abend gegen 20.30 Uhr beim Schloss eintreffen, von der Eigentümerin, Friedrun Hanreich, einer sympathischen, jungen Frau, persönlich empfangen und freundlich begrüßt.

Nachdem sich die Schlossherrin relativ bald verabschiedet hat, beginnen Uschi und Tina gegen 21.30 Uhr mit ihrer Untersuchung.

Dieses Mal ist auch Biggi, die zu Hause in Deutschland vor ihrem PC sitzt, via Internet und Life-Cam mit von der Partie.

Die Geisterjägerinnen stellen die Kameras zur Buche und vor die Eingangstür, in die Bibliothek und in das rote Schlafzimmer. Dann marschieren sie durch Haus und Garten und führen ihre Befragung durch.

Beim Schlafzimmer angekommen untersuchen die beiden Frauen die Tür und stellen fest, dass diese locker ist und bei der kleinsten Erschütterung von allein aufspringt. Darauf setzt sich Uschi in die Bibliothek, während Tina in den Garten geht.

»Da drin ist mir ganz anders geworden, es war, als würde mich jemand die ganze Zeit über beobachten«, schildert Uschi ihre Eindrücke.

Um sich abzulenken, untersucht sie den angrenzenden Nebenraum, der wie ein Gebetszimmer wirkt, überall stehen Kreuze und hängen religiöse Bilder, die Sitzgelegenheit sieht aus wie eine Kirchenbank. Als sie aus dem Fenster schaut, sieht Uschi die Kapelle und Tina, die im Garten herummarschiert und eine Befragung macht.

»Der EMF-Messer spielt verrückt!«, ruft Tina Uschi zu, als sie ihre Freundin oben entdeckt, worauf Uschi ebenfalls in den Garten geht, um sich den Ausschlag des Geräts anzusehen.

»Der Messer hat in der Nähe der alten Buche wirklich wie wild ausgeschlagen, die elektromagnetischen Strahlungen dort müssen massiv gewesen sein«, meint sie. »Doch Schritte haben wir dieses Mal keine gehört.«

Dann gehen die beiden Frauen noch einmal zu dem Grab und fragen: »Ist hier jemand? Wer liegt hier?«, danach setzen sie sich auf die Stufen vor dem Eingang zum Schloss.

Zehn Minuten später kommt ein Mann vorbei, der, wie sich herausstellt, der Stiefbruder der Besitzerin ist und Interesse an der Tätigkeit von API zeigt. Er erzählt den beiden Frauen, dass sich auf dem Gelände einige Keltengräber befinden. Uschi erzählt von den bisherigen Ergebnissen der Untersuchung, während dem Mann langsam das Kinn auf die Brust sinkt. Gleich darauf fährt er hoch und hört weiter zu, doch er nickt erneut ein, worauf Uschi ihm rät, sich hinzulegen, was er dann auch macht.

Gegen 02.30 Uhr bauen die beiden Frauen ab und fahren nach Hause.

Dieses Mal waren die Geister relativ gesprächig, Uschi hat mehrere Aussagen auf Band. »Wir sind da … glaub es mir!«, »Wir sind im Graudunkel!«, wurde hinter dem Haus beim Grab aufgenommen, in der Bibliothek hieß es: »Warte, wer wir sind … irre!«, »Komm Tante!«, »Endlich Hilfe!« und »Mutter, morgen ist Sonntag … Sonntag sagt Uschi … Sonntag wird fein!« Die meisten Stimmen sind männlich, können also nicht von der Gräfin Gurland stammen.

Biggi schickt eine weitere Aufnahme, die sie von Deutschland aus gemacht hat, ein helles, weißes Licht, das sich wenige Sekunden lang beim Altar in der Kapelle aufhielt. Möglich, dass sich hier die verrückte Adelige gezeigt hat.

Wie so oft können die Fragen nach dem »Wer« auch dieses Mal nicht beantwortet werden.

THE ANCIENT RAM INN
(Gloucestershire, Großbritannien)

Zur Geschichte des »Ancient Ram Inn«

Das »Ancient Ram Inn« (frei aus dem Englischen übersetzt: »Das alte Wirtshaus zum Widder«) in der Stadt Wotton-under-Edge in der Grafschaft Gloucestershire wurde im frühen 11. Jahrhundert auf einem etwa 5000 Jahre alten heidnischen Friedhof erbaut und ist das älteste Gebäude in der Gegend. Außerdem steht es auf einem Meridian und es heißt, alte Gebäude, die sich auf einer dieser Linien befinden, seien ganz besondere Kraftorte.

Über die frühen Jahre des Gebäudes, das laut alten Karten damals dreimal so groß wie heute gewesen sein könnte, ist nicht viel bekannt. Ab 1145 wurde »The Ram«, wie es früher hieß, ungefähr bis zum Jahr 1350, als Kirchenraum benutzt. Zeitweise sollen in dem Haus aber auch Handwerker, die an der nahen St. Mary's Church bauten, sowie Sklaven und Kinder untergebracht gewesen sein. Es gibt Hinweise darauf, dass zu dieser Zeit auch Teufelsanbeter dort gehaust haben und Rituale mit Menschenopfern durchgeführt wurden. Noch heute existiert ein Tunnel vom Kamin im Schankraum des Hauses zur St. Mary's Church, ein anderer zur »Lacock-Abtei«. Ziemlich sicher wurden die Gänge unter dem »Ram Inn« später von Straßenräubern und Wegelagerern benutzt.

1350 wurde das Gebäude von Maurice De Bathe gekauft, der es an Peter Le Couk und seine Ehefrau Margaret verpachtete. Insgesamt blieb das Haus 171 Jahre im Besitz der Familie De Bathe.

Danach gaben sich die Eigentümer des Hauses die Klinke in die Hand.

1793 scheint das »Ram Inn« unter Besitzer William Smythe in Urkunden erstmals unter dem Namen »The Old Tan House« auf, obwohl anzunehmen ist, dass es diesen Namen schon wesentlich früher erhielt.

Nach dem Ableben von William Smythe übergab dessen Witwe Betty am 29.08.1820 das Haus dem Wotton-under-Edge General Charities.

Sein Pächter, Joseph Pinnell, machte aus dem Gebäude erstmalig ein Wirtshaus, und so wurde aus dem »Tan House« das heute immer noch so genannte »Ram Inn«, eine Herberge mit einer öffentlichen Stube für gesellige Zusammenkünfte und Verpflegung für Einheimische und müde Wandersleute.

Danach wurde das Gebäude ausschließlich von Bierbrauern und Gastwirten gekauft und als Wirtshaus betrieben, bis im Jahr 1968 sein jetziger Besitzer John Humphries einzog. Dieser machte aus dem Haus eine Art Museum, in dem er, zusammen mit unzähligen guten und bösen Geistern der Vergangenheit, bis heute lebt.

Ein berühmter Bischof, eine nette alte Lady, eine Hexe und viele andere mehr

Die Geister im »Ancient Ram Inn«:

Edward: Der stärkste und dominanteste Geist, großer, breit gebauter Mann mit grimmigem Gesichtsausdruck und buschigen Koteletten. Wenn er erscheint, ziehen sich die anderen Geister zurück.

Michael: Edwards Bruder, wird für viele Morde verantwortlich gemacht, soll seine Opfer erwürgt haben, während sie auf einem Sessel links vom Kamin im Bischofsraum gesessen sind; vergewaltigte Kinder und Frauen, brachte seinen eigenen Sohn Richard um.

John (?): Genauer Name nicht bekannt, scheint der dritte Bruder zu sein, sehr stark und böse, stand eine Zeit lang im Schatten seiner Brüder, macht aber zunehmend Ärger und scheint langsam seine Identität anzunehmen.

Richard: Michaels Sohn, möchte seinen Vater töten und denkt, dass er dann erlöst ist, doch noch traut er sich nicht und fürchtet sich vor seinem Vater.

Mary-Anne: Nette alte Dame, sitzt in einem Sessel rechts neben dem Kamin im Bischofsraum, beobachtet die Besucher des »Ram Inn« und versucht sie vor den bösen Geistern zu beschützen. Man sollte darauf achten, sich nicht auf »ihren« Stuhl zu setzen – das mag sie nicht.

Mary-Anne's Husband: Sitzt im Sessel seiner Frau gegenüber, spricht nicht viel und beobachtet. Es wird angenommen, dass er von Edward getötet und die Stufen hinuntergeworfen wurde.

Alice: Hexe, die ständig versucht, den Gästen des »Ram Inn« Schaden zuzufügen, ist jedoch, verglichen mit den anderen bösen Geistern, eher harmlos.

Incubus (lat. für Albtraum): Im mittelalterlichen, europäischen Brauchtum ein männlicher Dämon, der Frauen im Schlaf heimsuchte und sie zu sexuellen Handlungen nötigte. Entstand auf diese Art und Weise ein Kind, wurde aus ihm ein mächtiger Mann oder bedeutender Zauberer. Die Legende besagt, dass Merlin das Produkt eines Inkubus und einer Nonne war.

Zwei Katzen: Eine davon dürfte Alice gehören, sie ist dick, hat ein schwarzes, zerzaustes Fell und hält sich meist in der Nähe des Hexenzimmers auf, die andere ist ebenfalls schwarz, eher ruhig und wandert überall im Haus herum.

Ein Hund: Mittelgroß, dunkles Fell, eventuell der verstorbene Hund von John Humphries Tochter, der Rottweiler Hagar.

Unzählige Kinder: Kleine Gestalten, die sich meist im Bischofsraum aufhalten und dort vor den anderen Geistern zwischen und unter den Betten verstecken.

Zwei oder mehr Straßenräuber: Sind nicht immer anwesend.

The Blue Lady Elisabeth: Edwards Gattin, kommt ebenfalls nur manchmal zu Besuch, wurde vermutlich von ihrem Gatten ermordet, der nach einer Reise nach Hause kam und sie schwanger vorfand. Er vermutete, dass sie ihn betrogen hatte, doch sie war von ihrem Schwager Michael vergewaltigt worden. Sie soll im Barraum nahe der Schank eingemauert worden sein.

Der Kavalier: Auch er ist nur hin und wieder zu Gast im »Ram Inn«, wurde ermordet und in einer versteckten Kammer nahe der Schank vergraben.

Rufus Morley: Einer der letzten Wirte im »Ram Inn«, ist bisher nur einmal erschienen, stand wortlos im Bischofsraum und kehrte dann in sein Bild, das im Hof des Gebäudes steht, zurück.

Kyle: Scheint ein junger Mann zu sein, der bei einem Motorradunfall starb, macht sich über Ouija-Board bemerkbar und warnt die Bewohner vor drohenden Gefahren.

Die Geisterjagd: Ein kauziger Mann inmitten seines ganzen Stolzes

Durch die englische TV-Show »Most Haunted« auf das beinahe 1000 Jahre alte »Ram Inn« aufmerksam geworden, beschließen API das Wirtshaus unter die Lupe zu nehmen. Das Gebäude soll viele, vom 80-jährigen Besitzer John Humphries dokumentierte und bei diversen paranormalen Untersuchungen bemerkte Geister beherbergen.

An einem strahlend schönen Tag im Oktober 2007 reisen Uschi, Daniel und Christine, die Rechnungsprüferin des Vereins, an und erreichen, nach einem langen Kampf mit den Tücken des Linksverkehrs und der Ahnungslosigkeit des Navigationsgeräts, am späten Nachmittag das idyllische Tal in Gloucester.

Vor dem von außen recht klein wirkenden »Ram Inn«, das inmitten eines verwilderten Gartens liegt, wundern sich die drei über die vielen handgeschriebenen Tafeln vor dem Haus, auf denen Sprüche wie »God bless you« und dergleichen stehen. Auf den schmutzigen Fenstern kleben Zeitungsartikel vom »Haunted Inn« mit Schlagzeilen wie »Ghosts in the Ram«.

»So könnte das ›Wirtshaus im Spessart‹ ausgesehen haben, so wildromantisch und ziemlich unheimlich«, teilt Daniel seine fantasiereichen ersten Gedanken beim Anblick des alten Hauses mit.

Mittlerweile hat sich die Sonne hinter sich am Himmel auftürmende Wolken verzogen und ein kühler Wind kommt auf.

»Recht verwahrlost«, stellt Uschi mit einem Seitenblick auf ihren Kollegen nüchtern fest, als im selben Moment ein alter Mann mit struppigem, langem Haar, auf dem eine speckige Baseballkappe sitzt, in hautengen Jeans und Lederjacke vor die Tür tritt und sich als Besitzer des »Ram Inn« vorstellt.

»John wirkte in diesem Moment sehr skurril und ein wenig durchgeknallt auf uns, auch wenn er sich später als sehr lieber und warmherziger Mensch, vor allem aber auch als wandelndes Geschichtsbuch sein Haus betreffend entpuppte«, erinnert sich Uschi.

Der in äußerst ärmlichen Verhältnissen lebende Mann zeigt sich sehr erfreut über den Besuch aus Österreich und bittet seine Gäste einzutreten. John ist ein sehr zuvorkommender Gastgeber und rückt die Vorstellungen von Uschi, Daniel und Christine, denen die Erschütterung über die Lebensumstände des alten Mannes anzumerken ist, gerade. Er sei gläubiger Christ und lebe nach dem Motto »Geben ist seliger denn nehmen«, er fühle sich sehr wohl mit seinem Dasein, sei reicher als so mancher wohlhabende Mensch mit seinem ganzen Geld. Er habe alles, was man brauche: ein Dach über dem Kopf, genug zu essen, gute Freunde und seine Geister.

Uschi steigen Tränen in den Augen, als sie das Haus inspizieren, in der Küche stapeln sich Mistsackerln und schmutziges Geschirr, an den Wänden hängen vergilbte Bilder und Zeitungsberichte vom »Ram Inn« und fast im ganzen Haus sind die Fensterscheiben kaputt, eingeschlagen von randalierenden Jugendlich, wie John erzählt.

Dann machen es sich die Geisterjäger mit dem Hausherrn im Wohnraum, der zugleich Johns Schlafgemach ist, dem einzigen beheizten Zimmer im ganzen Gebäude, »gemütlich«.

»Es war entsetzlich«, erzählt Uschi, »die Feuchtigkeit ist aus allen Ecken gekrochen, alles fühlte sich klamm an und es hat gezogen wie verrückt. Zum Schluss sind wir alle dagesessen wie die Eskimos, wir haben eine Lage nach der anderen an- statt ausgezogen. Gott sei Dank haben wir genug Pullis und Jacken mitgehabt, sonst wären wir erfroren.«

John sitzt übers ganze Gesicht strahlend, dick vermummt auf der zerlumpten Bettbank, blättert munter plappernd durch seine Fotomappen, zeigt API Hunderte von Zeitungsartikeln, berichtet von geschichtlichen Details zum »Ram Inn« und erzählt von seinen gespenstischen Mitbewohnern. Danach schildert er die Ergebnisse der bereits vorgenommenen paranormalen Untersuchungen anderer Ghost Hunters aus dem In- und Ausland. Als Gedächtnisstütze kramt John stoßweise Zettel hervor, handschriftliche Notizen, die jede kleinste geisterhafte Regung im »Ram Inn« dokumentieren.

»Es war fast rührend, wie er uns stolz sogar jeden Orb (Energieball), der im Haus aufgenommen worden ist, gezeigt hat, obwohl es sich unserer Meinung nach dabei um nichts anderes als herumwirbelnde Staubflankerln handelte«, lächelt Uschi, »bei den unsauberen Zuständen in den Räumlichkeiten auch kein Wunder.«

Nach dem Gespräch gehen Uschi, Daniel und Christine noch einmal mit John Humphries auf Erkundungstour durch das alte Wirtshaus. Im Barraum neben dem Wohn- und Schlafraum des Besitzers stehen einige zu Stühlen umfunktionierte Fässer, ein Tisch und ein alter Kamin und in der Mitte des Zimmers sind ein Erdhaufen und ein Loch im Boden zu sehen. Über der gruseligen Szenerie hängen ein ausgestopfter Rabe und der Hinweis »the ancient grave« (das alte Grab). John berichtet von der Annahme, dass sein Haus auf einem heidnischen Friedhof gebaut wurde, und erzählt, dass er in der Erde nach einem verborgenen Schatz gesucht, aber nur Skelette von Kindern gefunden habe.

Auf die Frage, warum John hoffte, Geld oder Schmuck zu finden, erklärt er, dass in dem Wirtshaus schließlich auch Schmuggler abgestiegen seien und diese vielleicht einmal ihre Ware verscharren mussten, wenn ihnen Räuber oder gar die Vertreter des Gesetzes auf den Fersen waren.

In diesem Zimmer soll auch die »Blue Lady« aufgefunden worden sein, John hat die Tatwaffe, die neben der wahrscheinlich von ihrem eigenen Mann ermordeten Dame eingemauert war, angeblich selbst entdeckt. Die »Blue Lady« spuke jetzt im ersten Stock vor dem Hexenzimmer und dem Bischofsraum.

»Stolz hat uns John berichtet, dass sie im Jahr 2007 sechs Mal erschienen ist und sie das letzte Mal sogar von seiner Tochter gesehen wurde«, erzählt Uschi. Im selben Raum soll es laut Besitzer auch immer wieder Attacken von einem Mörder geben, es könnte sich dabei entweder um Edward oder Michael handeln.

Weiter geht es zu einem Stiegenaufgang, der in den ersten Stock führt. Hier stehen einige Kerzen auf dem Boden, unter ihnen liegen Bilder von Kindern, zum Gedenken an die kleinen Opfer der Teufelsanbeter im 13. Jahrhundert.

»Das war echt schlimm«, erinnert sich Uschi, »mir war wirklich zum Heulen zumute und ich glaube, meinen beiden Kollegen ging es nicht anders.«

Auf dem Weg über die alte Holztreppe nach oben erzählt John vom Inkubus, der immer wieder auftauche und Leute angreife, vor allem Frauen. Meist halte er sich im Bischofsraum auf, zurzeit allerdings eher am Dachboden in Johns ehemaligem Schlafzimmer.

Im Vorraum angekommen deutet John auf eine Pendeluhr und sagt, dass sich im Glas schon einmal das Bildnis der »Blue Lady« gezeigt habe.

Im Hexenzimmer berichtet John von der Existenz eines dicken, großen, aggressiven Katers und dass einige Ghost Hunters bereits lautes Miauen und Pfauchen auf Band aufgenommen hätten. Allerdings gäbe es keinerlei geschichtlichen Hinweis darauf, dass hier jemals eine Katze gelebt hätte.

Jetzt kommen die Geisterjäger und John Humphries zum Bischofsraum, der nicht einfach so betreten werden darf. John nimmt einen Bischofsstab, der in einer Ecke lehnt, schlägt drei Mal gegen die Tür und fragt: »Is anybody here?« (»Ist hier jemand?«), dann drück er Uschi den Stab in die Hand und fordert sie auf, dasselbe zu tun.

»Ich hab bis heute keine Ahnung, was dieses Zeremoniell zu bedeuten hatte«, wundert sich Uschi noch im Nachhinein, »vielleicht um die Geister zu besänftigen.«

John öffnet die Tür und lässt seine Besucher eintreten, dann erzählt er ihnen die Geschichte vom Kavalier, der meist in einer bestimmten Ecke erscheine, von einem Mönch, der sich bevorzugt auf dem Sofa sitzend zeige, und dem öfter auf dem Bett verweilenden Sexdämon, dem Inkubus. Er berichtet, dass in dem Zimmer schon etliche Teufelsanbetungen vorgenommen worden seien, und doch, so Uschi: »Der Raum hat nicht im Mindesten etwas Bedrohliches oder Unangenehmes ausgestrahlt, obwohl das Bettzeug zerstochen war und der Wind durch das eingeworfene Fenster gepfiffen hat.«

Mittlerweile ist es 22.00 Uhr geworden, der bereits erschöpfte John zieht sich in seinen Schlafraum zurück und API beginnen mit dem Aufstellen der Geräte. Eine Kamera kommt auf den bereits baufälligen Dachboden, wo sich momentan der Inkubus aufhalten soll, eine wird im Hexenzimmer platziert, eine weitere im Bischofsraum und eine im Barraum auf das »ancient grave« gerichtet.

Christine marschiert filmend durch alle Räume und geht dann zu John, da sie müde ist und sich ein wenig aufwärmen will. Uschi und Daniel machen Fotos und die übliche Befragung, führen EMF- und Temperaturmessungen durch und halten Ausschau nach der »Blue Lady« oder einem anderen der zahlreichen Geister des »Ram Inn«.

Gegen drei Uhr morgens, nachdem absolut nichts Auffälliges passiert ist, bauen die Geisterjäger ab und wollen sich von John Humphries verabschieden, um sich auf die Heimreise zu machen. Doch der alte Mann ist sitzend auf seiner Bettbank eingeschlafen. Sie decken ihn zu, schreiben einige Worte des Dankes und das Versprechen, ihm eine DVD mit einem Zusammenschnitt der Auswertungen zukommen zu lassen, auf einen Zettel und legen noch ein paar Geldscheine auf den Tisch, obwohl John nichts nehmen wollte.

Dann reisen API ab, lassen ein altes, in frühmorgendlichen Nebel gehülltes Haus und dessen mit seinem bescheidenen Leben zufriedenen, stolzen Besitzer, der sein über alles geliebtes »Ram Inn« zu einer Hochburg des Spuks erklärt hat und dort in friedlicher Eintracht mit seinen Geistern lebt, mit einem weinenden und einem lachenden Auge zurück.

Die Auswertung: Eine nette Erinnerung

Nach Sichtung des Materials zeigt sich, dass Johns Gespenster entweder keine Lust gehabt haben, sich zu zeigen, ausgeflogen waren oder, unbeeindruckt von der Anwesenheit der österreichischen Geisterjäger, tief und fest geschlafen haben.

Letztendlich tauchen aber doch noch zwei EVPs auf: Einmal ist es, als würde ein kleines Kind wimmern und schreien, die zweite Aufnahme ist eine Stimme, die sagt: »We are not human« (»Wir sind nicht menschlich«).

Doch dieses Mal sind API nicht enttäuscht, denn sie haben einen sehr liebenswerten alten Mann kennengelernt, und Johns Bekanntschaft gemacht zu haben, ist für alle drei wesentlich beeindruckender als jedes »Lebens«zeichen einer »Blue Lady«, eines Kavaliers oder eines Sexmonsters.

WILLI-FORST-VILLA IM DEHNEPARK
(Wien)

Zur Geschichte der Willi-Forst-Villa

Die Villa wurde Mitte des 20. Jahrhunderts im rund 50.000 Quadratmeter großen Dehnepark im 14. Wiener Gemeindebezirk Penzing von Willi Forst, dem bekannten Wiener Schauspieler (»Zwei Herzen im Dreivierteltakt«, 1930), Sänger (»Bel Ami«, 1939) und Regisseur (»Im weißen Rößl«, 1952), erbaut.

Der Ende des 18. Jahrhunderts von Friedrich Mayern entworfene und für die Fürstin Maria Antoine Paar im Stil eines englischen Landschaftsgartens errichtete Dehnepark erhielt seinen Namen von August Dehne, einem Wiener Zuckerbäcker, der im 19. Jahrhundert den Ertrag aus seiner Konditorei am Kohlmarkt in das große, bewaldete Grundstück im Wienerwald investierte. Jahrzehnte später ging dieses in den Besitz von Willi Forst über. 1969 verkaufte der Künstler den damals stark verwilderten Park an die Gemeinde Wien, die ihn ab 1973 der Öffentlichkeit zugänglich machte.

Der Dehnepark gilt mit seinem Wahrzeichen, einer Platane mit etwa 30 Meter Kronendurchmesser im Zentrum des Wiesenbereichs, als bedeutendes Naherholungsgebiet und dient der Hütteldorfer Jugend als In-Treff. Die unter Denkmalschutz stehende Willi-Forst-Villa verfällt jedoch zusehends, ein realistisch zu verwirklichendes Nutzungskonzept existiert bis heute nicht.

Willi Forst würde sich im Grab umdrehen

Den Hütteldorfer »Eingeborenen«, die im idyllischen Dehnepark spazieren gehen, ist das Bild vertraut: Rund um die Villa halten sich gern junge Leute auf, die dort zusammenstehen und plaudern, Musik hören und heimlich rauchen (das wissen Sie, liebe Eltern, aber nicht von mir). Doch was des Öfteren nachts dort passiert, ist wohl nicht so bekannt: In den alten Mauern werden nach Einbruch der Dunkelheit nicht nur Geister beschworen, sondern auch der Herr der Finsternis angebetet, weswegen die Willi-Forst-Villa von eingeweihten Jugendlichen auch »Satanistenvilla« genannt wird.

Berichte darüber, dass der Wiener Schauspieler, mit gesträubtem Haar gegen derartige Vorgehensweisen protestierend, in seinem ehemaligen Heim spukt, existieren jedoch (noch) nicht.

Die Geisterjagd: Kantige Kerle statt schickem Schauspieler

In der Hoffnung auf ein »Lebenszeichen« des Künstlers machen sich Uschi und Nicole, die API hin und wieder mit Rat und Tat zur Seite steht, an einem milden Winterabend im Dezember 2008 auf den Weg in den Dehnepark. Vielleicht möchte Uschi allerdings auch nur ihren Stiefsohn Jake beim Rauchen erwischen – das allerdings würde sie nie zugeben.

2007 sind API schon einmal in der Anlage unterwegs gewesen, ohne jedoch fündig zu werden. Nun setzen die Geisterjägerinnen auf das in der Zwischenzeit erworbene modernere Equipment, das eventuell die Gestalt von Willi Forst oder zumindest seine Stimme würde einfangen können.

Der Anblick des verfallenen Hauses löst bei Uschi Trauer aus: Die Mauern sind mit Graffiti beschmiert, auf den Steinen sind außen wie auch innen Pentagramme, Teufelsfratzen und runenartige Symbole zu sehen.

Uschi bereitet sich auf eine EVP-Befragung vor, außerdem soll die neue Full-Spectrum-Kamera getestet werden, die erst vor Kurzem aus den USA importiert wurde.

Es ist bereits stockdunkel, als es sich die beiden Frauen auf dem Fensterbrett der Galerie gemütlich machen. Uschi drückt am Diktafon auf »Rec« und beginnt mit der Begrüßung möglicherweise anwesender Geister, während sich weiße Atemwolken vor ihrem Gesicht bilden. Nicole hat die Arme um ihren Körper geschlungen, die Nacht wird immer kälter und kälter.

Plötzlich sind knirschende Schritte zu hören. Uschi drückt auf »Stopp« und unterbricht ihre Befragung.

»Ist das Willi Forst?«, fragt Nicole grinsend, um ihre Angst zu überspielen. Die beiden Frauen lauschen angestrengt in die Finsternis. »Ich glaube nicht, dass um diese Zeit jemand hier spazieren geht«, flüstert Uschi, »aber Spuk ist das auch keiner. Das sind Menschen ... mehrere ... hoffentlich wollen die hier jetzt nicht Satan rufen, den mag ich nämlich nicht kennenlernen!« Nicole kichert nervös.

Die Schritte kommen näher und mit einem Mal sind auch Männerstimmen zu hören. Sie klingen, als würde herumgealbert werden, und nicht, als hätte jemand vor, das Tor zur Hölle zu öffnen. Aber man kann ja nie wissen, denkt Uschi und deutet ihrer Freundin, dass sie sich verstecken will. »Die Kamera«, krächzt Nicole.

»Ich weiß«, zischt Uschi und überlegt, wie sie nicht nur sich selbst, sondern auch das Gerät in Sicherheit bringen könnte. Doch es ist zu spät, die Besitzer der Stimmen betreten das Haus.

»Eigentlich war die Situation echt peinlich«, berichtet Uschi, »wir zwei Frauen sitzen da wie angewurzelt, in der Hand ein Diktafon, einige Meter weiter weg eine Kamera auf Stativ, und hypnotisieren den Eingang.«

Zuerst sehen die Geisterjägerinnen nur den Strahl einer Taschenlampe, danach fällt ihr Blick auf einige große Gestalten in langen schwarzen Mänteln in Lack und Leder. Nicole krallt ihre Nägel in Uschis Oberschenkel und stöhnt.

Als die beiden Frauen bemerken, dass die fünf Männer genauso erschrocken sind wie sie selbst, stellen sie sich vor und erklären ihre Anwesenheit in der Villa. Schnell stellt sich heraus, dass die Männer eine Rockband verkörpern und eigentlich eine gruselige Location suchen, um neue Fotos zu machen.

Tatsache ist, dass beides nicht geklappt hat, weder die Geisterjagd noch das Fotoshooting. Die Burschen und die beiden Frauen haben nach anfänglicher Skepsis so viel Spaß miteinander, dass an ernsthaftes Arbeiten nicht mehr zu denken ist. Und Willi Forst muss weiter im Grab rotieren, weil er auch in dieser Nacht keine Möglichkeit bekommen hat, seinem Unmut darüber Ausdruck zu verleihen, dass in seinem Haus Satan beschworen wird.

Das Ergebnis: Keine Auswertung, aber ein Lied für API

In der alten Willi-Forst-Villa im Dehnepark, in der Geisterjagd auf Rockmetal traf, entstand eine Freundschaft zwischen den Mitgliedern beider Gruppen. Daraus entwickelte sich ein Song, das Remake eines alten Lieds, das für API umgeschrieben und digital neu aufgenommen wurde. Es heißt »Heaven and Hell« und ist zu hören auf www.insanity.at/songs.html.

IRRTÜMER, STREICHE UND PEINLICHKEITEN

»Blair Witch« im Blindflug und die Revanche

Kein geisterhaftes, sondern allzu menschliches Lachen hallt in einer nebligen, stürmischen Herbstnacht durch die verfallenen Mauern der Burgruine Klingenberg auf einer bewaldeten Felskuppe in der Nähe von St. Thomas am Blasenstein (Oberösterreich).

An einem Samstagabend Mitte Oktober fahren die Geisterjäger los, um Gerüchten von Geistersichtungen in der Hauptburg nachzugehen. Die Aufgabenverteilung ist rasch beschlossen, Uschi wird das Gelände fotografieren, während Günther und Daniel die Kameras aufbauen. Eine Stunde später kehrt Uschi von ihrer Tour zurück und bemerkt, dass Günther blass um die Nasenspitze und relativ wortkarg geworden ist. Daniel klärt die Situation auf: »Ich habe Günther von dem Film ›Blair Witch Project‹ erzählt, und als es dann ständig überall geraschelt hat, hab ich so getan, als würde ich Panik bekommen. Jetzt ist der Feigling total fertig!« Uschi blickt in das käsige Gesicht ihres Kollegen und kann sich keine Sekunde länger das Lachen verbeißen, das dann minutenlang durch das alte Gemäuer schallt.

Die Fröhlichkeit verschwindet allerdings, als sie nach zwei Stunden Kameradreh feststellen muss, dass Daniel so sehr damit beschäftigt gewesen zu sein scheint, Günther Angst einzujagen, dass er vergessen hat, die Blenden von den Linsen zu nehmen. Strafe muss sein!

Doch die Revanche lässt nicht lange auf sich warten und erfolgt in der Ruine Kirchschlag in der Buckligen Welt (Niederösterreich), die wenige Monate später von den Geisterjägern erforscht wird.

Günther und Daniel stehen mit einer Kamera in der Kapelle, während Uschi sich beim Torbau positioniert. Nach etwa 15 Minuten meint Günther plötzlich flüsternd, er habe das Gefühl, dass jemand mit ihnen im Raum sei und diese Energie Übelkeit bei ihm auslöst. Er bemüht sich, blass und verschreckt auszusehen, während Daniel immer unruhiger wird und beschließt, Uschi via Walkie-Talkie in die Kapelle zu rufen. Günther schlendert in der

Zwischenzeit wie beiläufig zur Kamera und schaut auf das Display, um gleich darauf mit gespieltem Entsetzen neben Daniels Kopf zu deuten und zu stammeln: »Neben dir ist etwas … das sieht echt gruselig aus …« Als Uschi, die in den Racheplan ihres Kollegen nicht eingeweiht ist, in die Kapelle kommt, schnappt sie Günther und bittet ihn, mit ihr zum Auto zu gehen, da sie ihre Akkus dort vergessen hat und dringend neue benötigt. So lassen die beiden, Günther schadenfroh, Uschi ahnungslos, den verstörten Daniel zurück, der laut eigenen Schilderungen allein in dem finsteren Raum vor lauter Panik beinahe einen Kollaps erleidet.

Günther hat tatsächlich etwas neben Daniels Kopf gesehen, wohl wissend, was es ist: eine an ihrem Faden baumelnde Spinne.

»Ist sie es oder ist sie es nicht?«

An einem lauen Sommerabend besuchen Uschi, Tina, Ernst und Daniel die Burg Bernstein (Burgenland), die auf einem Felsblock über dem Tauchental thront und als Wehranlage bereits im 9. Jahrhundert errichtet worden sein dürfte. Ihr Name geht auf die einst in den dortigen Bergen beheimateten Bären bzw. auf die nahe gelegene Bernsteinstraße zurück.

In dieser Burg, heißt es, soll eine Weiße Frau umgehen, ein zartes, melancholisches Wesen, das bereits von mehreren Leuten gesehen und im Jahr 1913 sogar fotografiert worden ist. Bei der Erscheinung handelt es sich angeblich um Cathalina Frescobaldi, die Tochter eines italienischen Herzogs, die Ende des 15. Jahrhunderts von ihrem eifersüchtigen Ehemann ermordet wurde.

Nachdem Uschi von der Geschichte erfahren und das »Originalfoto« gesehen hat, will sie diese Burg natürlich untersuchen und sich mit ihren eigenen Augen von der Existenz dieser Spukerscheinung überzeugen.

Folgende Diskussion zeichnet in der Nacht der Geisterjagd eine der Digicams in den alten Mauern der Burg auf:

Uschi: »Ist sie es?« Tina: »Ja, das ist sie!« Ernst: »Wo ist sie?«

Daniel: »Sie ist es?« Dann sieht man vier Leute hektisch vor der Kamera herumzappeln, bevor es weitergeht. Tina: »Nein, sie ist es nicht.« Ernst: »Nicht?« Uschi: »Was, sie ist es nicht?« Daniel: »Was ist es dann?«
Es ist die Spiegelung eines Türrahmens, die genauso aussieht wie die Abbildung auf dem Foto aus dem Jahr 1913.
»Mich hat beinahe der Schlag getroffen, als ich, auf dem Weg zum Weinkeller, plötzlich durch die Kamera dasselbe sah wie vorher auf dem Bild«, so Uschi. »Jetzt wissen wir, dass durch den speziellen Lichteinfall an dieser Stelle der Türrahmen teilweise beleuchtet wird, was sich dann in einem der Fenster spiegelt. Und das sieht eben aus wie eine weiße Gestalt.«

Das Loch

Tina und Uschi sind wieder einmal allein auf Geisterjagd und erkunden die im 12. Jahrhundert im südlichen Wienerwald erbaute Burg Merkenstein (Niederösterreich).

Uschi schlendert, sich gründlich umsehend, hinter ihrer Freundin Tina her, von der wieder einmal meistens nur das Hinterteil zu sehen ist, weil sie ihren Kopf inklusive Oberkörper in jede Mauerluke steckt. Als Tina Uschi überredet, mit ihr in ein Gewölbe zu kriechen, zwängen sich die beiden Frauen in die schmale, finstere Öffnung, während Uschi das Diktafon einschaltet.

»Als ich die Bänder auswertete«, kichert Uschi, »hab ich die ganze Zeit nur meine eigene Stimme gehört, die murmelte: ›Na hoffentlich kommen wir aus diesem Loch auch wieder raus. Das ist verdammt eng gewesen, hoffentlich kommen wir da wieder raus!‹ Dabei war mir zu diesem Zeitpunkt gar nicht bewusst, dass ich überhaupt gesprochen habe. Da hatte ich offensichtlich wirklich Panik und dachte, dass wir nie wieder das Tageslicht sehen würden.«

»Echt nicht lustig!«

Zu einem heftigen Streit zwischen Tina und Uschi kommt es in der Rosenburg. Die beiden Frauen sind in dem 1175 erstmals urkundlich erwähnten Renaissanceschloss, das von Weitem sichtbar über dem Kamptal im Waldviertel (Niederösterreich) thront, allein auf Geisterjagd.

Da es an helfenden Händen fehlt und relativ wenig Zeit zur Verfügung steht, wird Tina von Stunde zu Stunde gereizter und nervöser. Kurz vor ihrem Aufbruch muss sie auch noch feststellen, dass sie ihren Wohnungsschlüssel auf dem Gelände verloren hat. Sie bittet Uschi, ihn zu suchen, und läuft verärgert zur Toilettenanlage, da sie ein dringendes Bedürfnis verspürt.

Zehn Minuten später kommt Tina schreiend angelaufen und beschimpft ihre Freundin aufs Wüsteste. Uschi steht vor dem Auto, den verlorenen Schlüssel, den sie auf dem Weg dorthin gefunden hat, in der Hand und versteht die Welt nicht mehr. Die beiden streiten eine Zeit lang herum, wobei Tina unzusammenhängend giftet: »Gar nicht witzig … bin eh so genervt … da versteh ich keinen Spaß mehr … komischer Humor … wenn du eh siehst, dass ich schon total fertig bin … echt nicht lustig …«

Nachdem sich Tina endlich wieder beruhigt hat und begreift, dass Uschi nur »Bahnhof« versteht, artikuliert sie in ganzen Sätzen den Grund ihres Wutausbruchs: »Jemand hat die Tür draußen aufgerissen und irgendetwas gegen die Kabine, in der ich gesessen bin, geworfen. Ich hab mich total erschrocken und finde das wirklich rücksichtslos von dir, wenn du eh weißt, dass ich mit den Nerven fertig bin.«

Uschi schwört, nicht einmal in der Nähe der Toilettenanlage gewesen zu sein, was Tina schließlich glaubt. Wortlos steigen die beiden Frauen ins Auto und machen sich auf den Heimweg. Bis heute ist unklar, wer Tina diesen bösen Streich gespielt hat.

Blöde Frage

Eigentlich war ich der Meinung, dass wir auf Burg Lockenhaus (Burgenland), wo ich ja das erste Mal mit von der Partie gewesen bin, während der Aufnahme auf der Brüstung im Festsaal nur intelligente Fragen gestellt hatten.
 Und dann spielte mir Uschi das Band vor. Nach dem üblichen »Ist hier jemand?«, »Kann uns jemand hören?«, »Wer möchte mit uns kommunizieren?« und so weiter hörte ich plötzlich meine Stimme mit den Worten: »Kannst du einen Sessel verschieben?« Und das, obwohl der ganze Saal ausschließlich mit fix montierten Klappstühlen ausgestattet war. Tja, die werden sich was gedacht haben, die Lockenhauser Geister.

Damit hätte man rechnen müssen

Beinahe taub nach Hause gefahren sind Uschi und Tina von der Festung Hohenwerfen (Salzburg), die im 11. Jahrhundert über dem Salzachtal erbaut wurde.
 Nachdem die Burg erkundet ist, setzen sich die beiden Frauen ins Werk des alten Uhrturms und harren dort der Dinge, die noch kommen mögen. Bis auf das leise Klacken der Zeiger ist es mucksmäuschenstill in der engen Kammer. Gerade als Tina eine Befragung durchzuführen beschließt, beginnen sich rechts neben ihr die Räder zu drehen und der Gong erdröhnt direkt neben den Ohren der beiden Frauen. Uschi und Tina fallen beinahe die Stufen hinunter, zuerst vor Schreck, danach vor Lachen. »Drei ist's«, stellt Uschi nüchtern fest, »Zeit aufzubrechen!«

Das unheimliche Licht

Uschi und Tina befinden sich wieder einmal auf einer ihrer spontanen nächtlichen Erkundungstouren, die sie neben den lange im Voraus geplanten Untersuchungen immer wieder unternehmen;

dieses Mal haben sie das ehemalige Jugendheim »Stadt des Kindes« in Wien ausgewählt.

Bei dem verlassenen Gebäude handelt es sich um eine ehemalige Betreuungsstätte für junge Menschen, die nach Plänen des Architekten Anton Schweighofer errichtet wurde und bei ihrer Eröffnung im Jahr 1974 mit ihrer transparenten und offenen Gestaltung als Vorzeigeprojekt für eine damals zeitgemäße Jugendbetreuung galt. Mitte der 1990er-Jahre richtete die Stadt Wien ihr Konzept im Einklang mit den internationalen Entwicklungen in der Sozialpädagogik strategisch neu aus; statt einer großen, zentralen Anlage setzt man seitdem auf viele kleine, im Stadtgebiet verteilte Wohneinheiten. Die »Stadt des Kindes« hat ihre bisherige Funktion verloren, die letzten Kinder- und Jugendgruppen haben das Heim Ende 2002 verlassen. Die Geisterjägerinnen wandern also mit ihren Infrarot-Handycams durch das stockfinstere Haus, als plötzlich auf Uschis Display, als sie auf ein Fenster filmt, ein Licht auftaucht. Es handelt sich um keine Beleuchtung im üblichen Sinn, sondern um einen weißen, hellen Fleck auf der Scheibe, der sich noch dazu bewegt. Uschi filmt gebannt weiter, während sie Tina, die sich im Nebenraum befindet, aufgeregt von der Erscheinung berichtet. Diese kommt sofort angelaufen und bleibt an der Tür stehen. Die beiden Frauen diskutieren und analysieren, während das Licht auf der Scheibe leicht hin und her schwankt. Uschi bittet Tina, sich mit ihrer Kamera neben sie zu stellen und das vermeintliche Phänomen ein zweites Mal zu filmen. Doch, siehe da, als Tina neben Uschi tritt, gesellt sich zu dem ersten hellen Fleck ein zweiter.

»So haben wir gelernt, dass Infrarotlicht zwar mit bloßem Auge nicht zu sehen ist, sich aber als weißer Schein auf der Kamera zeigt, wenn es auf Glas oder einen Spiegel trifft«, erklärt Uschi ihren »Spuk« im Jugendheim »Stadt des Kindes«.

Geschnarche gegen Gepolter

»Wenn der Ernst mal schläft, dann schläft er«, lacht Uschi heute über ihr Erlebnis auf Burg Plankenstein, »da hat selbst paranormales Gepolter keinen Auftrag mehr.«

Die inmitten von Texingtal, Melktal und Pielachtal gelegene Burg Plankenstein wurde von den Plankensteinern (»die vom weißen Stein«), wohlhabenden Rittern, die vor allem beim Bruderzwist im Hause Habsburg eine große Rolle spielten, vermutlich Ende des 12. Jahrhunderts erbaut.

Die Geisterjäger haben sich nach einigen Stunden Burgbesichtigung in ihrem »Basislager« eingefunden, um die Ergebnisse der bisherigen Untersuchung und weitere Vorgehensweisen zu besprechen. Ernst hat es sich in einem bequemen Stuhl gemütlich gemacht, und während die anderen diskutieren, nickt er erschöpft ein. Schon nach kurzer Zeit beginnt er laut zu schnarchen, während beinahe im selben Moment in der Kammer nebenan Gepolter einsetzt, obwohl sich keine weitere Person in dem Gebäude aufhält. Hektisch schaltet Uschi Diktafon und Kamera ein und platziert die Geräte im Türrahmen zwischen ihrem »Basislager« und dem Raum, in dem irgendetwas gegen Wände und Möbel zu schlagen scheint. Doch Ernsts Geschnarche, durchsetzt von Pfeif- und Räuspergeräuschen, ist so laut, dass es das paranormale Gepolter übertönt, woraufhin Uschi erbost versucht, den Mann aufzuwecken. Als sie Ernst an den Schultern rüttelt, brabbelt er so etwas wie »Ich würd mich scheiden lassen« und schlummert selig weiter. Daniel, der sich das Lachen kaum mehr verbeißen kann, greift ein und boxt Ernst unsanft in die Seite, woraufhin dieser verschlafen die Augen öffnet. Auf Uschis Frage, ob er jetzt auch wirklich wach sei, antwortet Ernst: »Da kann doch kein Mensch schlafen, wenn der Saubeutel da nebenan dauernd pumpert!«

Der Zwerg im Burghof

Da schauen die Geisterjäger nicht schlecht, als sie mitten im Dezember auf dem Renaissanceschloss Schallaburg, einer ursprünglich im 12. Jahrhundert nahe der Stadt Melk (Niederösterreich) erbauten Festung, noch vor Ort die dort aufgenommenen Fotos sichten. Auf einem der Bilder ist deutlich eine weiße Gestalt zu erkennen, die aussieht wie ein Zwerg, der davonläuft.

Uschi kann es nicht glauben und beginnt das Gelände abzusuchen. Sie wird auch relativ rasch fündig: Im Burghof hat man Metalltafeln mit Abbildungen von Zwergen aufgestellt, die man im Dunkeln nicht sehen kann. Die Schilder reflektieren jedoch das Blitzlicht, und so ist auf einem der Fotos diese weiße Zwergengestalt erkennbar.

»Doch nicht nur wir ließen uns täuschen«, erinnert sich Uschi, »auch die Dame vom Security-Dienst, die uns auf unserer nächtlichen Untersuchung begleitete und der wir das Bild gezeigt hatten, war entsetzt und fand die Vorstellung, dass auf der Schallaburg Wichtel ihr Unwesen treiben, gar nicht witzig.«

Ein Bär in Hainburg

Uschi und Tina sind wieder einmal allein auf nächtlicher Erkundungstour. Sie streifen durch den Wald bei Hainburg an der Donau (Niederösterreich), auf der Suche nach einem kleinen Friedhof, der aufgrund einer Beschreibung von Freunden ihr Interesse geweckt hat. Uschi schlägt allerdings vor, nicht den vorgeschriebenen Weg zu gehen, sondern eine Abkürzung zu nehmen.

Die beiden Frauen wissen, dass unter dem Hausberg ein kleiner Zirkus Station macht, sind aber dennoch nicht darauf vorbereitet, mitten in der Nacht auf ein frei laufendes Tier zu stoßen, das den Umrissen nach zu schließen keinerlei Ähnlichkeit mit einem einheimischen Waldbewohner aufweist. Vor Schreck erstarrt verharren Tina und Uschi vor der schwarzen, haarigen, gebückt dastehenden Gestalt, die offensichtlich den Waldboden nach Nahrung absucht.

»Für ein Pferd war das Tier zu klein, für eine Ziege oder Ähnliches aber zu groß«, erzählt Uschi. »Wir machten dann ein Foto und hofften, dass der Blitz die Umgebung ausleuchtet, damit wir auf dem Bild vielleicht erkennen konnten, um was es sich handelt. Doch zu sehen war nur ein haariger Brocken, sonst nichts.«

Die beiden Frauen bekommen es mit der Angst zu tun, da das schwarze Ungetüm ja auch ein vom Zirkus ausgerissener Bär sein könnte. Nachdem sie sich aber nicht im Wald verirren wollen, müssen sie die Strecke dort weitergehen und somit an dem Fellkloß vorbei. Vorsichtig schleichen sie sich an die Gestalt an und wollen diese leise passieren, als das Tier sich aufrichtet und die beiden Frauen freundlich anwiehert. Es ist ein Pony, das mit dem Hinterteil zum Weg und mit dem Kopf nach unten dagestanden und gegrast hat.

Ohne Orientierung

Verirren tun sich die beiden trotzdem. Denn in derselben Nacht, nach dem Schock mit dem »Bären« und einer ergebnislosen Untersuchung am Friedhof, verlieren Uschi und Tina auch noch die Orientierung und wissen nicht mehr, wo ihr Auto steht.

»Vom rechten Weg abgekommen«, durchkreuzen die Geisterjägerinnen mehr als zwei Stunden lang den Hainburger Wald rund um den Hausberg, kommen dabei fünf Mal an dem netten Pony vorbei, um dann den ursprünglich verschmähten vorgegebenen Weg zu suchen, den sie schließlich finden und der sie gegen vier Uhr morgens zu ihrem Fahrzeug führt.

Alarm im Turm

Neue Geräte müssen ausgetestet werden. Das denken sich auch Uschi und Tina bei einer Besichtigung der Badener Ruine Rauheneck (Niederösterreich), die wahrscheinlich im 12. Jahrhundert vom Rittergeschlecht der Tursen errichtet wurde. Angeblich treibt dort der Erbauer des Turms, der alte Turso, sein geisterhaftes Unwesen. Die Legende besagt, dass erst, wenn auf dem Turm eine Föhre gewachsen ist, groß genug, um daraus eine Wiege zu zimmern, in dieser Wiege ein Sonntagskind geschaukelt wird, dieses Kind später Priester wird und dieser Priester seine erste Messe gelesen hat, der alte Turso zur Ruhe kommt und seine Schätze preisgibt. Jedes Jahr in der Silvesternacht soll der Geist als blaues Flämmchen erscheinen, um nach der Föhre auf dem Turm zu sehen. Allerdings wird Turso, wie es aussieht, noch lange weiterspuken müssen, denn die einzige Föhre, die dort je gewachsen ist, hat ein Sturm vor etwa 100 Jahren gefällt.

Uschi und Tina machen sich also in der Nacht vom 31.12.2006 auf den 01.01.2007 mit einem neu erworbenen Bewegungsmelder auf den Weg hinauf zur Ruine. Dort angekommen stellen sie fest, dass im Burghof Jugendliche grillen, von denen sie sich aber nicht abhalten lassen wollen, das Gerät beim Turm zu testen um den alten Turso bei seiner Baumsuche zu erwischen.

Leise schleichen sie an den feiernden Leuten vorbei und installieren den Bewegungsmelder, der lautstark verkünden soll, wenn jemand oder etwas in den gesicherten Bereich eintritt.

Doch wer jetzt vermutet, dass ein Jugendlicher den Alarm auslösen wird, irrt. Uschi und Tina selbst tappen in die Falle, als sie zu nahe an das überwachte Areal herankommen. Das Gerät fängt daraufhin erbärmlich laut zu bimmeln an und zu allem Überfluss können es die beiden Frauen nicht sofort abstellen. Das hat zur Folge, dass die Gäste des Grillfests total panisch angelaufen kommen und Uschi und Tina eine Erklärung abgeben müssen, während der Alarm immer noch schrillt. Gleich darauf ertönt pünktlich um

Mitternacht auch noch eine Sirene aus dem Turm, was die Jugendlichen, haben sie sich doch schon vorher über die Rechtfertigungen der beiden Geisterjägerinnen amüsiert, zu lautem Gelächter veranlasst. Tina meint daraufhin nur noch trocken: »Wir können gehen, den alten Turso haben wir ohnehin vertrieben!«

»Na, ned am Häusl!«

Es geschieht auf Schloss Porcia in Spittal an der Drau (Kärnten), wo Günther, Ernst, Tina und Uschi auf den Spuren der »Patschentante« wandeln.

Mitten in der Nacht, alles ist ruhig und friedlich, hören die vier Geisterjäger plötzlich, wie am Herren-WC die Spülung betätigt wird, obwohl sich außer ihnen niemand in dem Gebäude befindet. Während die Gruppe noch etwas starr vor Verwunderung rätselt, wer sich in den Toilettenanlagen aufhalten könnte, ertönt das Geräusch erneut. »Na, ned am Häusl!«, jammert Ernst, während alle gleichzeitig in Richtung WC-Anlage laufen, die Kamera im Anschlag.

Vor den Türen der Toiletten angekommen, bemerken die vier, dass das Wasserrauschen abwechselnd, ohne erkennbare Reihenfolge, immer aus einem anderen WC erklingt, obwohl sich tatsächlich keine Menschenseele in den Räumen befindet.

»Spielen die uns einen Streich?«, fragt Tina unsicher. Doch die Geisterjäger können das Geheimnis nicht lüften und schenken dem »Spuk« nach einiger Zeit keine Beachtung mehr.

Am nächsten Tag werden sie, das nächtliche WC-Phänomen schildernd, vom Hausmeister aufgeklärt: Die Spülung wurde von ihm auf Automatik gestellt, sodass das Wasser abwechselnd die Toiletten spült, hauptsächlich, um den lästigen Geruch zu beseitigen.

EMF-Ausschläge im Salamanca-Keller

Ein echtes Erfolgserlebnis scheinen die Geisterjäger im Salamanca-Keller auf Schloss Porcia zu haben, als plötzlich das EMF-Messgerät ausschlägt. In regelmäßigen Abständen schwankt der Zeiger wild hin und her und zeigt ganz offensichtlich ein starkes elektromagnetisches Feld an, das sich immer wieder auf- und abbaut.

Die Gruppe freut sich sehr über das Phänomen, bis Ernst anmerkt, dass es sehr warm ist im Keller. Schnell stellt sich heraus, dass es dort eine Fußbodenheizung gibt, die offensichtlich durch eine Zeitschaltuhr in Abständen von 15 Minuten aktiviert wird. Damit sind die Ausschläge des EMF-Messgeräts erklärt, denn eine Fußbodenheizung erzeugt elektromagnetische Strahlen.

INTERESSANTE LINKS

ÖSTERREICH

www.api.co.at – Seite der API

www.wienspuk.net – Seite der Autoren Bieberger, Gruber und Hasmann mit Infos zu den Büchern »Spuk in Wien« und »Geisterschlösser in Österreich«

www.parapsychologie.ac.at – Seite des Österreichischen Instituts für Parapsychologie

www.geisterwerkstatt.at – Seite der Waldviertler Geisterwerkstatt

www.gespenster.at – Seite zu den Führungen durch das »spukige« Wien

DEUTSCHLAND

www.spukwelten.de – interessante und sehr schöne Seite zum Thema Geister inklusive Fotos, Ghost-Cams, Hintergrundmaterial und vielem mehr

www.geisternet.com – zweitschönste Seite zum Thema Spuk

www.geistersuche.de – übersichtliche Seite mit umfangreichen Hintergrundinfos

www.geister-welt.de – Seite mit vielen Geschichten und einem Geister-Chat *www.geister-und-gespenster.de* – Seite mit umfangreichen Infos zu verschiedenen paranormalen Phänomenen

www.geisterarchiv.de – Seite mit alten und aktuellen Spukgeschichten, Zaubersprüchen und Ritualen

www.spukvilla.de – übersichtliche Seite mit Geister-Videos und -Fotos, Ghost-Cams und Adressen von Spukhäusern

http://ortederangst.de – Seite über Geister, Spukhäuser und verfluchte Orte

www.britannien.de/Geister/Geister.htm – deutsche Seite mit Infos zum Thema Geister in Großbritannien, Geisterurlaube und Spukhäuser

www.allmystery.de – abwechslungsreiche Seite mit unterschiedlichen Themenbereichen

www.parapsychologische-beratungsstelle.de – Seite der Parapsychologischen Beratungsstelle in Freiburg, bietet auch telefonische Beratung an

www.igpp.de – Seite des Instituts für Grenzgebiete der Psychologie und Psychohygiene

www.vtf.de – Seite des VTF (Verein für Transkommunikationsforschung)

www.gwup.org – Seite der GWUP (Gesellschaft zur wissenschaftlichen Untersuchung von Parawissenschaften e.V.) mit interessanten Theorien und Erklärungen für diverse Phänomene *www.anomalistik.de* – Seite der Gesellschaft für Anomalistik, Arbeitskreise zur Besprechung verschiedenster Phänomene

GROSSBRITANNIEN

www.ghostclub.org.uk – Page des »Ghostclub«

www.livingtv.co.uk/shows/mosthaunted – Page von »Most Haunted«

www.prsne.com – Page der »Paranormal Research Society of New England«

www.haunted-britain.com – Führer zu geisterhaften Orten in Großbritannien

www.ghostfinders.co.uk – Page der schottischen Ghost Hunters

www.ghostevents.co.uk – »Geistertouren« in Schottland

www.irelandseye.com/ghost/index.shtm – Berichte über Sichtungen und Entdeckungen in Irland mit »Ghost Watch«-Webcam

www.ghosthuntireland.com – Page der irischen Ghost Hunters

USA

www.ghostvillage.com – Page des US-Geisterjägers Jeff Belanger

www.the-atlantic-paranormal-society.com – Page der »Atlantic Paranormal Society« (TAPS) *www.prairieghosts.com/ags.html* – Page der »American Ghost Society« (AGS)

www.scifi.com/ghosthunters – Page der »Ghost Hunters«

www.ghoststudy.com – Page mit Tipps, Geschichten und vielen Fotos von Geisterjägern

www.csicop.org – Page des »Committee for Skeptical Inquiry« (CSI)

www.ghostweb.com – Page der »International Ghost Hunters Society« (IGHS)

www.hauntedtraveler.com – Spukorte mit weiterführenden Links, größtenteils aus den USA

BUCHEMPFEHLUNGEN

ÖSTERREICH

Franz Severin Berger, Christiane Holler: »Mythen, Spuk und gute Geister. Ein Reiseführer in die Anderswelt«, Orac Verlag, Wien 1998, ISBN 3-70150-385-0

Bieberger, Gruber, Herberstein, Hasmann: »Geisterschlösser in Österreich/Spuk hinter herrschaftlichen Mauern – Augenzeugen berichten«, Verlag Carl Ueberreuter, Wien 2004, ISBN 3-8000-7062-6

Bieberger, Gruber, Hasmann: »Spuk in Wien – Von verborgenen Geistern und Spuren ins Jenseits«, Verlag Carl Ueberreuter, Wien 2004, ISBN 3-8000-7017-0

Robert Bouchal, Wolfgang Kalchhauser: »Mystischer Wienerwald. Sagen. Geschichten. Authentische Fälle«, Pichler Verlag, Wien 2004, ISBN 3-85431-189-3

Robert Bouchal, Johannes Sachslehner: »Waldviertel. Mystisches. Geheimnisvolles. Unbekanntes«, Pichler Verlag, Wien 2004, ISBN 3-85431-274-1

Georg A. Clam Martinic: »Österreichisches Burgenlexikon. Burgen und Ruinen, Ansitze, Schlösser und Palais«, Landesverlag, Linz 1992, ISBN 3-85214-559-7

Karin El-Monir, Olivia de Fontana, Toni Anzenberger: »Mystische Steiermark«, Styria Verlag, Wien 2006, ISBN 3-22213-213-5

Paul Gleirscher: »Mystisches Kärnten: Sagenhaftes Verborgenes Er-

grabenes«, Verlag Carintia, Klagenfurt 2006, ISBN 3-85378-603-0
Peter Pfarl: »Mystisches Oberösterreich: Dämonisches – Dunkles – Denkwürdiges«, Edition Oberösterreich, Graz 2006, ISBN 3-70120-037-8

Paul Roland: »Geister: Alles über geheimnisvolle Erscheinungen und verwunschene Plätze«, Tosa Verlag, Wien 2008, ISBN 3-85003-213-2

Gerhard Stenzel: »Von Schloss zu Schloss in Österreich«, Kremayr und Scheriau, Wien 1987, ISBN 3-21800-288-5

Gerhard Stenzel: »Österreichs Burgen«, Kremayr und Scheriau, Wien 1989, ISBN 3-21800-493-4

Siegfried Weger: »Geheimnisvolles Tirol. Mystisches, Magisches und Mysteriöses«, Edition Löwenzahn, Innsbruck 2007, ISBN 3-70662-401-X

DEUTSCHLAND

Walter von Lucadou, Manfred Poser: »Geister sind auch nur Menschen. Was steckt hinter okkulten Erlebnissen?«, Herder Verlag, Freiburg 1997, ISBN 3-45104-562-1

Walter von Lucadou: »Dimension PSI. Fakten zur Parapsychologie«, List Verlag, München 2003, ISBN 3-47178-571-X

Armando Pavese: »Handbuch der Parapsychologie. Einführung in den Bereich der Grenzwissenschaften«, Bechtermünz Verlag, Augsburg 1999, ISBN 3-86047-748-X

Diethard Sawicki: »Leben mit den Toten: Geisterglauben und die

Entstehung des Spiritismus in Deutschland 1770–1900«, Verlag Schöningh, Paderborn 2002, ISBN 3-50677-590-1

Michael und Nadine Schneider: »Rätselhafte Welt – Mysterien und Rätsel unserer Zeit«, Books on Demand GmbH, Norderstedt 2004, ISBN 3-83342-058-8

SCHWEIZ

Fanny Moser, Hans Bender: »Spuk. Ein Rätsel der Menschheit«, Walter Verlag, Meilen 1977, ISBN 3-53057-901-7

James van Praagh: »Geister sind unter uns: Die Wahrheit über die ewigen Begleiter der Menschheit«, Ansata Verlag, Interlaken 2008, ISBN 3-77877-355-0

Hans Peter Roth, Niklaus Maurer: »Orte des Grauens in der Schweiz: Von Spukhäusern, Geisterplätzen und unheimlichen Begebenheiten«, AT Verlag, Baden 2006, ISBN 3-03800-253-4

GROSSBRITANNIEN

John Brooks: »Die Geister Großbritanniens: Ein Führer zu über tausend Spukorten«, Eulen Verlag, Freiburg 2002, ISBN 3-89102-316-2

Paul Fennell: »Haunted: A Guide to Paranormal Ireland«, Poolbeg Press Ltd., Dublin 2006, ISBN 1-84223-286-X (englisch)

Ron Halliday: »The A to Z of Paranormal Scotland«, Soft Editions, Scotland 2001, ISBN 1-84350-002-7 (englisch)

Simon Marsden: »Im Reich der Geister. Eine Reise zu mysteriösen Orten auf den Britischen Inseln«, Eulen Verlag, Freiburg 1999, ISBN 3-89102-258-1

Richard Morris: »Harry Price – The Psychic Detective«, Sutton Publishing, Stroud 2007, ISBN 0-75094-271-1 (englisch)

USA

Jeff Belanger: »Encyclopedia Of Haunted Places: Ghostly Locales From Around The World«, New Page Books, Franklin Lakes 2005, ISBN 1-56414-799-1

Jeff Belanger: »The World's Most Haunted Places: From the Secret Files of Ghostvillage.com: From the Secret Files of Ghostville«, New Page Books, Franklin Lakes 2006, ISBN 1-56414-764-9 (englisch)

Jeff Belanger: »Die Geisterakte/Die spektakulärsten Fälle übernatürlicher Phänomene und ihre Erklärung«, Heyne Verlag, München 2008, ISBN 3-45370-097-X

Deborah Blum: »Geister-Jäger: William James und die Jagd nach Beweisen für ein Leben nach dem Tod«, Verlag Arkana HC, Göttingen 2007, ISBN 3-44233-773-9

Sylvia Browne: »Von Geistern, Spuk, Gespenstern und dem Wiedersehen im Jenseits«, Goldmann Verlag, München 2004, ISBN 3-44221-701-6

Hans Holzer, Fritz Dorn: »Gespensterjäger«, Verlag H. Bauer, Hamburg 1963, ASIN B0000BJKF1

Troy Taylor: »The Ghost Hunter's Guidebook«, Whitechapel Productions Press, Illinois 1999, ISBN 1-89252-304-3 (englisch)

Melvin Willin: »The Paranormal Caught on Film: Amazing Photographs of Ghosts, Poltergeists and Other Strange Phenomena«, David & Charles, Devon 2008, ISBN 0-71532-980-4 (englisch)

QUELLEN

ALLGEMEIN

www.wikipedia.at – Internetlexikon

www.sagen.at – Datenbank europäischer Sagen und Märchen

www.alte-mauern.info – Kurzbeschreibungen österreichischer Burgen, Schlösser und Ruinen

www.burgen-austria.com – Dokumentation österreichischer Burgen, Schlösser und Paläste

Interviews mit den Betroffenen, die in den entsprechenden Texten namentlich erwähnt sind

BURG RAUHENSTEIN

www.baden.at

ROLLETTMUSEUM BADEN, STÄDTISCHE SAMMLUNG UND ARCHIV

SCHLOSS PORCIA

www.villas-kaernten.at

BURG RAPPOTTENSTEIN

www.burg-rappottenstein.at

LUFTWAFFENSTÜTZPUNKT SPANGDAHLEM

www.spangdahlem.af.mil

SCHLOSS RIEGERSBURG

www.schlossriegersburg.at

www.univie.ac.at/Geschichte/Frauenbriefe/hardegg2.htm

Bieberberger, Gruber, Herberstein, Hasmann: »Geisterschlösser in Österreich/Spuk hinter herrschaftlichen Mauern – Augenzeugen berichten«, Verlag Carl Ueberreuter, Wien 2004, ISBN 3-8000-7062-6

LEAP CASTLE

www.irish-net.de

BURG LOCKENHAUS

www.burgenkunde.at

www.ritterburg.at

HEILSTÄTTEN BEELITZ

www.heilstaetten.beelitz-online.de

www.silenthalls.de

BURGRUINE GARS (FREILICHTBÜHNE)

www.waldviertel.or.at

www.burg-gars.info

KLOSTER LUCEDIO

www.italien-lexikon.de
www.principatodilucedio.it
www.ghostlycast.com/2008/07/30

SCHLOSS WALCHEN

www.burgenkunde.at

Norbert Grabherr: »Burgen und Schlösser in Oberösterreich«, Oberösterreichischer Landesverlag, Linz, 3. Auflage 1970, ISBN 3-8521-4157-5

Bieberberger, Gruber, Herberstein, Hasmann: »Geisterschlösser in Österreich/Spuk hinter herrschaftlichen Mauern – Augenzeugen berichten«, Verlag Carl Ueberreuter, Wien 2004, ISBN 3-8000-7062-6

THE ANCIENT RAM INN

www.theancientraminn.com

WILLI-FORST-VILLA

www.wikipedia.at

Bildnachweis

S. 31 © heute/Ian Epp
S. 77 © Schloss Riegersburg
Alle übrigen Bilder: © Ursula Hepp